La coppia capolavoro di Dio

CASA EDITRICE
IHERINGIUS

Copyright © Stefania Innamorati 2016

Le citazioni bibliche provengono dalla Nuova Riveduta.

Revisione di Ferdinando Paviglianiti

ISBN 978-0-9575354-7-3

Iheringius
Una pubblicazione di
Joensuu Media Ltd
145-157 St John Street
London
EC1V 4PV

INDICE

PREFAZIONE

Se devo definire Stefania lo farei con la parola "fedele". Da quando è membro della nostra chiesa di Roma ha sicuramente mostrato fedeltà nella gioia e nel dolore, nella salute e nella malattia e di amare e onorare Gesù tutti i giorni della sua vita. Proprio come una sposa, si è data a Cristo, dimostrandolo con il suo continuo sostegno alla Chiesa.

Dopo aver visto il lavoro che Stefania aveva preparato per una serie di seminari sulle coppie per la Chiesa, seminario che ha richiesto molto studio e preparazione, le ho consigliato io stesso di usare questo materiale per la stesura di questo libro, perché ritengo che sia importantissimo per le coppie cristiane conoscere le basi bibliche della loro unione.

La cosa singolare è che l'autrice è volutamente single, e come lei ama ribadire: "Felicemente single". Il suo essere single potrebbe farci dire che non dovrebbe essere la persona adatta per un libro sulla coppia, invece ho visto che proprio questa è la forza di questo lavoro. Potrete trovare molti libri sulla coppia negli scaffali delle librerie, e quasi tutti vi daranno molti consigli utili basati sull'esperienza degli autori, ma questo libro vi darà le basi bibliche per la vostra relazione coniugale presente, o futura se avete in progetto di sposarvi.

Le approfondite indagini che l'autrice fa sulla relazione di Dio con la coppia, iniziando da Adamo ed Eva, la relazione tra Gesù lo sposo e la Chiesa la sposa, i paragoni spirituali con le relazioni umane giornaliere, lo rendono un libro che ci aiuta a crescere non solo nella coppia ma anche nella nostra conoscenza di Cristo e dell'opera di Dio in ognuno di noi.

Sono onorato di essere stato il Pastore di Stefania in questi anni e di vedere questo suo lavoro diventare disponibile per chiunque voglia arricchirsi nella conoscenza della Parola di Dio e del piano di Dio, che sia un marito, una moglie, un fidanzato o fidanzata, un single o un giovane alla "ricerca". Questo libro ti aiuterà!

Claudio Ferro

INTRODUZIONE

Dio è luce (Gv 1:4) e con stupore e gioia l'ho visto dirigere attraverso la Scrittura un potentissimo fascio luminoso sul suo piano originario per l'umanità, alla quale diede inizio e forma creando la coppia.

Ne consegue che tali raggi hanno investito in modo approfondito quest'ultima, rendendone evidente l'armonica bellezza a somiglianza dell'Eterno, compromessa dalla caduta e recuperata con la morte e resurrezione del Figlio.

Descrivendo tutto ciò, è emersa, sempre nei limiti di un'umana comprensione, la magnifica eccellenza del Creatore quale sommo artista, e la bellezza della sua opera ideata per celebrare la vita, vale a dire colui che la è (Gv 14:6 *Gesù disse: "io sono...la vita*), in seno alla coppia, alla famiglia, e di conseguenza a tutta la creazione, poiché loro affidata (Ge 1:28; Sl 150:6 *tutto ciò che respira lodi il Signore*).

Così facendo Dio ha messo in luce il senso di questo suo capolavoro, la coppia, parte integrante dell'opera d'arte del suo creato (Ro 1:20) e allo stesso tempo suo coronamento, speciale agli occhi dell'Eterno in valore (Mt 10:31 *voi valete più di molti passeri*; Gv 3:6).

Scoprire progressivamente in che modo Dio ha ideato a sua immagine le relazioni in seno alla famiglia, è stato per me come spacchettare un dono, un tesoro meraviglioso quanto a ricchezza e libertà, compromesso dal peccato originale, ma in Cristo ripristinato nella potenza dello Spirito di verità (Gv 14:17; Lu 24:49). A tutto oggi questa per me è una benedizione inestinguibile, perché mi rende ferma nella consapevolezza che la vita donatami è un bene certo nella forma in cui è stata strutturata e ideata da Dio, con un senso delle origini sanato e la forza di credere in un futuro perfettibile in questa forma sulla terra in cui esiste il matrimonio, e perfetto in quella futura in cui saremo solo fratelli inclusi nell'unica famiglia della Trinità quale sposa dell'Agnello (Ap 21:9; Lu 20:34-36).

Conoscere il progetto di Dio per la coppia, la famiglia, l'umanità, all'insegna del suo amore incondizionato, getta una comprensione di vittoria e una dimensione di guarigione nel vissuto di ciascuno. Questo fatto l'ho sperimentato non solo personalmente io stessa, ma avendo insegnato i contenuti dello studio qui riportato nel contesto del corpo di Cristo, ho visto altre persone benedette in modo analogo. Per alcune di queste impegnate a iniziare e intessere rapporti di coppia, tali benedizioni si sono rivelate specifiche e formative nel porre le fondamenta per condurli a dare origine alla loro famiglia sulla roccia di Cristo, ciò in modo efficace, ma anche altre già coniugate ne hanno tratto giovamento, arricchimento. Essendo io felicemente nubile, comprendo da tutto ciò che i contenuti qui riportati mi sono stati dati dal Signore perché li condividessi, ed è perciò ubbidendogli che li sto ora divulgando in questo scritto.

Tuttavia, malgrado tali contenuti si siano sicuramente rivelati funzionali e un ausilio per veder crescere in Cristo le relazioni in seno alla vita di coppia, inviterei il lettore a perseguire prima ancora di questo obbiettivo, la gioia di lasciarsi rivelare dallo Spirito sempre più il senso della propria e altrui identità agli occhi di Dio secondo i generi, vale a dire l'appartenenza alla vita che è Cristo (Gv 14:6), poiché su questa via di confronto con la verità nel Salvatore (Gv 16:13 *Lo Spirito della verità... vi guiderà in tutta la verità*), Dio, edificando la persona, la pone nella posizione di vedere rinnovati i propri rapporti personali sia col partner che in seno a tutta la famiglia, essendo Dio solo la vita e la porta alla medesima (Gv 14:6; 10:7-9).

Benedica il Signore la lettura di ciascuno con la gioia di scoprire sempre più la dimensione della vera libertà.

CAPITOLO 1

L'UMANITÀ OPERA D'ARTE DI DIO

PREMESSA

In Ge 1:31 è scritto: *Dio vide tutto quello che aveva fatto, ed ecco, era molto buono.*

Già durante il primo giorno della creazione Dio considerò la luce che aveva fatto dicendo che era buona e alla fine del terzo, quarto e quinto osservò quello che aveva creato nell'arco della giornata e vide che era buono.

L'attenta valutazione riportata in Ge 1:31 l'Eterno però la fece alla fine del sesto giorno, durante il quale aveva creato anche l'uomo, ultimando così la creazione, mentre riconsiderava tutto quello che aveva realizzato fino ad allora, per cui questa sua osservazione includeva l'essere umano. Quindi possiamo sicuramente affermare che Dio ci ha concepiti in un modo molto buono per farci esistere su questa terra alla sua presenza vivi e liberi, vale a dire vestiti della sua gloria, ed è bene comprendere come lui ci ha ideati al fine di veder adempiuto nelle nostre vite questo suo proposito. Notiamo che nel corso della nostra esistenza tutti desideriamo vivere, vogliamo essere attivi, agire, ma ignorando come Dio ci ha concepiti è come se tentassimo di muoverci liberamente stando al buio. Tale condizione è paragonabile al non vedente che per il suo stato si trova in una situazione di costante pericolo.

Quindi è necessario per noi accendere la luce su come Dio ci ha ideati per sperimentare una reale libertà di movimento. Ora la luce è Gesù, come scritto in Gv 8:12 *Io sono la luce del mondo*, e in Gv 1:9 Gesù è *la vera luce che illumina ogni uomo*, e noi "l'accendiamo" ricercando nella sua Parola il modo in cui lui ci ha concepiti, perché solo allora saremo veramente liberi di essere noi stessi e di agire secondo verità, vale a dire in base a come la luce è e ci vuole guidare illuminandoci e consentendoci di essere, essendo Gesù Cristo stesso la verità (Gv 14:6).

Prima di farlo però consideriamo brevemente, valendoci di alcuni versetti, come Dio opera in noi quando, rivelandoci la verità, ci illumina. Faremo questo per disporci all'ascolto nel modo migliore, il più possibile recettivo e perciò aperto a ricevere la sua luce.

È scritto in

- Ro 10:17 *la fede viene da ciò che si ascolta* e in
- Eb 12:2 *Gesù, Colui che crea in noi la fede e la rende perfetta.* Vale a dire quando ascoltiamo la sua parola diamo spazio al Signore per creare la fede in noi.
- Eb 11:1 *La fede è...dimostrazione di cose che non si vedono.* Quando Gesù mi rivela delle verità e io so per certo che quello che lui mi sta spiegando è vero essendo lui la verità e perciò dimostrazione di se stesso, allora io credo in qualcosa che non vedo, perché Gesù non è visibile fisicamente, qualcosa che però mi è dimostrata dal suo essere Dio, Colui che è. Tale certezza di verità per me è *dimostrazione di cose che non si vedono*, di Gesù che crea in me la fede, dello Spirito della verità che mentre mi guida in tutta la verità (Gv 16:13) mi edifica. Nel far questo lo Spirito mi rivela come Dio intende la vita, che è Gesù stesso, e mi consente di credere in essa. Riassumendo quando il Signore ci da fede ci sta rivelando alla stesso tempo la verità, poiché ci illumina. (Gv 16:13 *Lo Spirito della verità, egli vi guiderà in tutta la verità*).
- At 3:14 *voi rinnegaste il....Giusto.* Gesù è la verità ed è anche l'unico uomo sulla terra che non ha mai peccato e che perciò viene definito il Giusto. In lui quindi è personificata la giustizia, tanto è vero che rinati in lui (Gv 3: 3) diventiamo *giustizia di Dio in Cristo* (2 Co 5:21), si può perciò dire che la rivelazione della verità implica quella della giustizia. I seguenti versetti confermano che Gesù è il

giusto: Is 53:11 *..il mio servo, il giusto*; Ec 7:20 *non vi è sulla terra nessun uomo giusto...che non pecchi mai*; 1 P 3:18 *Cristo ha sofferto...lui giusto per gli ingiusti*.

• Ro 1:17 *La giustizia di Dio è rivelata di fede in fede*.

Sintetizzando quanto finora detto con le citazioni sopra riportate e i relativi commenti, possiamo affermare che Gesù illuminandoci crea in noi la fede per la quale possiamo camminare nella verità da lui rivelataci, cioè sempre più conformi nell'essere e agire alla perfetta giustizia da lui già donataci al momento della salvezza.

Quindi noi ci disporremo all'ascolto non con l'intento di trovare superficialmente un sistema o una regoletta da applicare che ci farà camminare giustamente, ma ricercando l'immersione nella verità, la verità di Cristo, che trasformandoci ci porta a comportarci rettamente (Gv 17:17 *santificali nella verità, la tua Parola è verità*).

In 2 Co 3:8 è scritto: *"E noi tutti, contemplando a faccia scoperta come in uno specchio la gloria del Signore, siamo trasformati nella stessa sua immagine di gloria in gloria, come per lo Spirito del Signore"*. È in quest'ottica che ora tratteremo il tema di come Dio ha inteso la creazione dell'umanità, infatti l'immersione nella verità implica arrendersi a lui, lasciare progressivamente l'attaccamento al proprio io nel senso egocentrico del termine per permettere alla sua gloria di manifestarsi in noi. Cerchiamo prima l'essere che poi produce il fare, la natura e le capacità che Dio per grazia crea in noi (Fi 2:13 *È Dio che produce in noi il volere e l'operare*), se appunto gli prestiamo attenzione, lo contempliamo nella sua Parola e ci lasciamo trasformare di gloria in gloria, mentre lui scrive le sue leggi nei nostri cuori (Gr 31:33) e noi perseguiamo in lui il rinnovamento nella nostra mente (Ro 12:2).

Agiamo così perché Dio è Colui Che è, (Es 3:14), e opera essendo sempre immutabilmente se stesso nella santità della verità, e noi, fatti a sua immagine, possiamo solo su un similar fondamento, vale a dire le sue leggi scritte da Lui nei nostri cuori (Gr 31:33), imparare a camminare in novità di vita (Ro 6:4) secondo la sua volontà, infatti è un dato di fatto che senza di lui non possiamo fare nulla (Gv 15:5).

TEMA: LA CREAZIONE DELL'UMANITÀ

Il tema che esaminiamo consiste in come Dio ha inteso la creazione dell'umanità. È scritto in Ge 5:1-2 ...*nel giorno in cui Dio creò l'uomo lo fece a somiglianza di Dio, li creò maschio e femmina, li benedisse e diede loro il nome di "uomo"*. In altri termini **Dio ha ideato l'umanità concependo la coppia.**

Notiamo che i pensieri dell'Eterno non sono i nostri pensieri e che le sue vie sono più alte delle nostre vie (Is 55:8), per cui nel trattare questo tema noi ricercheremo la logica di Dio.

Questa è la vera logica, perché non è soggetta e limitata dalla forza di gravità del peccato originale e della morte, ma solo animata dalla coerenza della vita intesa nel suo vero e pieno senso, vale a dire della vita eterna, risorta, immortale. Infatti solo Gesù è la vita (Gv 14:6) e lui è vita immortale, come i seguenti versetti evidenziano: ... *ha distrutto la morte e messo in luce la vita e l'immortalità* 2 Ti 1:10; *Gesù Cristo... è la vita eterna* 1 Gv 5:20.

Ed è alla luce di questa logica quindi che esamineremo il modo in cui l'Eterno ha concepito la coppia e di conseguenza l'umanità, vale a dire in base al **criterio della gloria di Dio che riveste l'essere umano**. Notiamo, infatti, che in Ge 3:7 è scritto ...*si aprirono gli occhi ad entrambi e si accorsero di essere nudi...*, in altri termini l'uomo si sentì nudo solo dopo il peccato originale, poiché prima, stando alla presenza di Dio, era vestito della Sua gloria.

Nelle nostre considerazioni su questo tema quindi noi non ci varremo dei criteri della logica decaduta, che é successiva al peccato originale ed è propria di una vita limitata dalla morte.

Nel procedere in questo modo vedremo cadere stereotipi culturali relativi alla coppia, ciò avverrà perché la rapporteremo di volta in volta a Dio, di cui è l'immagine, vale a dire alla Trinità, anche se di quest'ultima non possiamo avere che una comprensione oltremodo e infinitamente limitata. Anni fa udii un credente paragonare il profondo affetto e la devota dipendenza che nutriva per lui il suo cane, al rapporto d'amore con Dio che egli stesso aveva. Noi siamo stati adottati dal Signore e possiamo comunicare con lui attraverso la parola essendo anche noi dotati di spirito e in tal senso il nostro rapporto con Dio non è paragonabile a quello di un essere umano con il suo animale domestico. Però dal punto di vista esposto da questo credente il paragone è pertinente, poiché egli era consapevole che come il suo cane non avrebbe potuto comprendere, malgrado il grande affetto per il suo padrone, tutto quello che poteva essere insito in una mente umana, perché appartenente, quale animale, a un ordine inferiore della creazione (Ge 1:28), così lui non sarebbe stato in grado di sondare l'immensità delle qualità infinite e onniscienti di Dio, essendo un essere creato a Sua immagine e in grado di comunicare con lui, ma in quanto sua creatura a lui infinitamente inferiore.

Quel poco però che alla luce della scrittura possiamo recepire in merito alla Trinità, è indispensabile per noi di ricercarlo, intenderlo e riceverlo, perché essendo noi stati fatti a immagine delle Persone della Trinità, metterne a fuoco anche se in minima misura le qualità, ci aiuta a capire come l'immagine che noi siamo è chiamata a esistere nel suo essere e ad agire, sperimentando così la vera libertà quali esseri umani.

Il tema che trattiamo ruota intorno a tre concetti principali che ne costituiscono i punti cardine e che nel corso della trattazione interagiranno e si compenetreranno, ma che ora riassumiamo in modo schematico col proposito di promuovere la chiarezza del discorso.

1. Il piano di Dio riguardo alla creazione dell'uomo, della donna e del loro rapporto, notandone le proprietà in

base al fatto che è stato istituito prima del peccato originale e a immagine della Trinità. Quindi che è stato concepito in funzione della gloria di Dio, vale a dire quale espressione di tale gloria nella forma che riveste la coppia in quanto concepita da Dio.

2.   Come si è trasformato dopo il peccato originale il rapporto tra l'uomo e la donna in seno alla coppia.

3.   Come noi oggi da nuove creature rigenerate in Cristo, viviamo tale rapporto. Il fatto di essere in virtù della rinascita di nuovo partecipi della gloria di Dio ci riporta al piano originario (1), col problema però di avere in noi un residuo di quanto è avvenuto col peccato originale (2), dato dalla dimensione spirituale carnale ancora presente nella nostra natura e condotta di vita (Ro 7:14-24 ...*io sono carnale, venduto schiavo al peccato....non faccio quello che voglio, ma faccio quello che odio, ...non sono più io che lo faccio, ma il peccato che abita in me, ...mi compiaccio nella legge di Dio secondo l'uomo interiore, ma vedo un'altra legge nelle mie membra che combatte contro la legge della mia mente e mi rende prigioniero del peccato che è nelle mie membra....*). Infatti la nostra redenzione si compie in tre fasi, siamo stati liberati dai peccati al momento della salvezza, dal potere del peccato nel cammino di santificazione per la potenza dello Spirito Santo che dimora in noi, e saremo liberati dall'esistenza stessa del peccato nel nostro essere quando al suo ritorno Gesù sarà manifestato e noi saremo simili a lui perché lo vedremo come egli è (1 Gv 3:2). Quindi anche se grazie alla santificazione siamo chiamati per la potenza dello Spirito Santo a camminare nello spirito e non nella carne (Ga 5:16 ..*camminate secondo lo Spirito e non adempirete affatto i desideri della carne*), non possiamo non tener presente il fatto che la nostra dimensione carnale oggi ancora esiste e che quotidianamente ci confrontiamo con

questa e la viviamo e ciò ovviamente incide nel rapporto di coppia. Poiché però *tutte le cose cooperano al bene di coloro che amano Dio* (Ro 8:28), il Signore trasforma tale limite in strumento di reciproca benedizione in seno alla coppia, come poi meglio vedremo.

L'OPERA D'ARTE

Considereremo e contempleremo la creazione che Dio ha fatto dell'uomo e della donna in primo luogo come una sua particolarissima opera d'arte realizzata, si potrebbe forse dire, anche con le "mani"(Sl 119:73), oltre che con il soffio generatore di vita con cui lui l'ha completata e resa anima vivente (1 Co 15:45). Consideriamo che i giorni precedenti alla sua attuazione Dio aveva creato ogni altra cosa pronunciando delle parole e pure per l'uomo aveva detto in Ge 1:26: *...facciamo l'uomo...*, ma in Ge 2:7 viene specificato che *Dio formò l'uomo* ('adam) *dalla polvere della terra* ('adamah), *gli soffiò nelle narici un alito di vita e l'uomo divenne un'anima vivente.* Notiamo così che in questo punto nel resoconto della creazione vi è l'impiego della parola **formò** (da *Yasar*) e che questa descrive il lavoro di un artista, simile all'attività di un vasaio il quale con la terra crea un vaso di argilla che è una vera opera d'arte. Sicuramente l'Eterno è il sommo artista, e la sua creazione lo testimonia ampiamente come ci dimostra Ro 1:20 *....le sue qualità invisibili, la sua eterna potenza e divinità, si vedono chiaramente fin dalla creazione del mondo essendo percepite per mezzo delle opere sue.* Tuttavia l'uso del termine *Yasar* sottolinea la peculiarità estremamente artistica della componente conclusiva della creazione: il Creatore plasmò con la terra un'opera d'arte speciale per eccellenza quando creò il genere umano, poiché la fece a sua immagine infondendole il respiro della vita.

Quando si osserva un capolavoro d'altri tempi, come ad esempio il quadro della Gioconda di Leonardo Da Vinci, non si cerca di metterne in primo luogo a fuoco le screpolature e le alterazioni dovuti all'invecchiamento che i restauri non hanno potuto eliminare, ma si tenta di cogliere il bello che l'artista ha voluto esprimere, di risalire alla sua tensione creativa e all'idea originaria, a ciò che lui ha voluto dire, rappresentare e significare.

Analogamente contemplando la creazione della coppia nel modo operato da Dio, eviteremo di cercare in primo luogo noi stessi tifando per il proprio genere di appartenenza, oppure additandoci gli uni gli altri per come gli uomini o le donne avrebbero dovuto essere e non sono stati, non lo faremo neanche con simpatiche battute, e non colpevolizzeremo neppure noi stessi per le nostre personali carenze, perché tutto questo in un qualche modo è un rifarsi alle deformazioni subentrate nel creato con la caduta, è un praticarle blandamente ponendosi in una egocentrica posizione di parte, è un abbandonare la logica di Dio (1 Co 13:5).

Infatti non vogliamo guardare in primo luogo a come l'essere umano ha fatto screpolare o degenerare la bellezza del piano originario di Dio, a cui bramiamo invece risalire per ammirare la sua opera artistica, come Lui l'ha concepita e tributargli l'onore e il merito che gli si confanno.

Quindi cercheremo di non badare alle attuali screpolature di tale opera per cogliere invece la bellezza dell'idea originaria espressa da Dio nel creare l'uomo, la donna e così l'umanità e per goderci in tal modo lo spettacolo della sua creazione che noi stessi siamo, esseri umani concepiti a sua immagine. Sarà come ammirare un bellissimo paesaggio, infatti la creazione di Dio nel modo in cui lui l'ha ideata ci ossigena; sarà anche come vedere un bel quadro la cui bellezza si rivela nell'armonia di tutte le sue parti , ove ovviamente nessuna addita l'altra o tifa per se stessa.

In tal modo ci sottometteremo alla verità, in cui esiste la sola vera sottomissione, l'unica che Gesù ha praticato sulla terra, quella che conduce alla libertà, perché è l'unica da cui procede la vita. In questo modo consentiremo a Dio di rivelarsi a noi, di trasformarci nella visione e di rinnovarci nell'essere. Il Signore persino quando subì l'autorità iniquamente su di lui esercitata da Pilato (Gv 19:21) era sottomesso in primo luogo al Padre, in quanto gli stava obbedendo, poiché Gesù è verità (Gv 14:6) e non ha mai mentito (Is 53:9). In tal senso noi vogliamo camminare nelle sue orme sottomettendoci in lui alla verità.

LA FAMIGLIA

Dio non ha creato l'essere umano concependolo egocentrico, poiché l'ha ideato a immagine della Trinità, che non ha in sé l'egocentrismo in quanto questo è conseguenza e parte del peccato originale. Per questo motivo in primo luogo esamineremo tale peccato mettendo a fuoco cosa è l'egocentrismo. Lo facciamo constatando che quando Eva fu tentata il diavolo la persuase a **non confidare nell'amore di Dio verso di lei inducendola a credere che l'Eterno non le avesse detto la verità,** quindi che non volesse il suo bene e che lei se lo sarebbe dovuto procurare da sola il meglio per sé stessa. Infatti in Ge 3:1b-5 è scritto *"Come! Dio vi ha detto di non mangiare da nessun albero del giardino?" La donna rispose al serpente "Del frutto degli alberi del giardino ne possiamo mangiare, ma del frutto dell'albero che è in mezzo al giardino Dio ha detto: 'Non ne mangiate e non lo toccate altrimenti morirete'". Il serpente disse alla donna "**Voi non morite affatto,** ma Dio sa che nel giorno in cui ne mangerete i vostri occhi si apriranno e sarete come Dio".* La donna credette alle parole del nemico perchè agì di conseguenza peccando.

L'egocentrismo quindi consiste nel fatto che l'essere umano, non fidandosi più di Dio, ripiega la sua attenzione su se stesso, e si crede autore di vita, cioè in grado di stabilire prescindendo dalla santità (Ge 3:22), senza avere più comunione con l'Eterno, ciò che è bene e ciò che è male per lui, divenendo così egocentrico. Ciò spiega come mai la salvezza implica l'esatto inverso dell'egocentrismo, tornare a fidarsi di Dio e a dipendere completamente da Lui grazie al sacrificio di Cristo a cui ci si affida totalmente, e spiega anche perché in Eb 11:6 è scritto *che senza fede è impossibile piacere a Dio,* poiché non credere a Dio è la caratteristica del peccato originale e quindi di ogni peccato.

Solo tre persone sulla terra hanno conosciuto una vita pienamente non egocentrica, Adamo ed Eva prima della caduta, e poi Gesù.

Il matrimonio però **Dio l'ha istituito prima del peccato originale**, vale a dire l'uomo, la donna e così anche il loro rapporto sono stati creati da Dio **non in funzione della natura egocentrica** ed egoista che entrambi hanno assunto dopo il peccato originale, **ma a immagine dell'unità Trinitaria**. Quindi per capire il matrimonio, per intendere l'ordine della creazione come Dio l'ha concepito, bisogna risalire a prima della caduta, vale a dire a quando tale ordine non era ancora stato offuscato, sporcato e mistificato dal peccato,

Abbiamo detto che noi siamo stati creati a immagine di Dio, la Trinità (Ge 1:26 *facciamo l'uomo a nostra immagine*), per cui possiamo affermare che anche il rapporto dell'unità tra uomo e donna all'origine doveva riflettere le modalità relazionali che vi sono tra le tre Persone della Trinità. Queste hanno rapporti così stretti e perfetti da essere uno e le nostre relazioni familiari sono a immagine di questo loro totale legame d'amore (1 Gv 4:16 *Dio è amore*).

Voglio allora ricordare parte di quanto detto in uno studio fatto in precedenza sulla Trinità, intitolato "L'amore è la via della vittoria", ciò per mettere ben a fuoco la natura del rapporto tra le tre Persone a immagine del quale siamo stati creati. Infatti, è essenziale per noi capire come Dio ha inteso nell'ordine della creazione la relazione tra Adamo ed Eva, perché è secondo questa sua unica, vera, sempre attuale e esistente visione che noi veniamo da lui quotidianamente restaurati secondo il genere di uomo o di donna a cui apparteniamo, se ne abbiamo riconosciuto nella nostra vita l'autorità accettando il Signore quale personale Salvatore.

Prima però di ricordare caratteristiche e modalità dei rapporti Trinitari facciamo ancora alcune considerazioni. In Ge 2:24 leggiamo: *Perciò l'uomo lascerà suo padre e sua madre e si unirà a sua moglie, e saranno una stessa carne.* **Quando Dio ha ideato l'uomo e la donna ha creato due persone non egocentriche pensandone tre,** cioè ne ha concepite due progettandole come parti diversificate di un'unità che avrebbe generato in se stessa, poiché volta a darsi, un frutto, la prole, che è il terzo elemento presente nella loro creazione. Quest'ultimo è presente sia per la complementarità in funzione del frutto da portare in base al quale Adamo ed Eva sono stati concepiti e sia perché parti integranti dei corpi, che sarebbero poi divenuti della prole, erano in loro già reali e esistenti, i cromosomi utilizzati per la riproduzione. Infatti la coppia è strumento adoperato da Dio per creare figli in aspetto e doni similari ai genitori e per farli con il concorso della volontà di quest'ultimi (Gv 1:13 ...*nati da... volontà d'uomo...*), vale a dire i genitori sono nelle mani di Dio parte integrante della creazione dei figli. Quindi **Dio, creando l'uomo e la donna, ha in quel momento simultaneamente istituito la famiglia**, un organismo che è **un unità trina** perché costituita da tre elementi uomo, donna e prole. Questa è l'istituzione sociale per eccellenza perché costituita da Dio nell'atto della creazione del primo uomo e della prima donna. E non sorprende che sia così perché la famiglia con queste tre componenti è un'unità a immagine della Trinità. E anche se una coppia non ha figli, il loro essere concepiti per essere uno, li fa esistere anche se solo in due, in funzione di costituire come tali una struttura familiare che per sua natura resta trina.

Abbiamo visto che Dio creò l'uomo perché avesse comunione con lui facendolo maschio e femmina (Ge 1:27; Ge 5:2) e finalizzando la creazione dei due generi alla loro reciproca unione, vale a dire all'istituzione della famiglia che dal loro congiungimento viene suggellata (Ge 4:1 *Adamo conobbe Eva*). Ciò fa si che si deve includere nell'essere stati creati a immagine di Dio dal punto di vista relazionale familiare pure il frutto di tale unione, la prole.

Dio ci ha ideati a sua immagine come uomo, donna e prole per avere relazioni che riflettano il tipo di rapporto che le tre Persone della Trinità, nella loro diversità, hanno l'una con l'altra, relazioni umane ovviamente da vivere venendo inclusi nella comunione dell'abbraccio Trinitario (1 Gv 1:3 ....*la nostra comunione è con il Padre e con il Figlio...*; 1 Co 13:13 ...*la comunione dello Spirito Santo*), cioè vestiti della gloria di Dio (Ge 3:7) in base allo stato umano prima del peccato originale.

LA SESSUALITÀ A IMMAGINE DELLA TRINITÀ

Un'altra considerazione che voglio fare prima di mettere in una qualche misura a fuoco le relazioni all'interno della Trinità è relativa alla nostra identità sessuale. Il fatto che la sessualità umana è da Dio concepita tutta in funzione di quell'unità da cui scaturisce l'istituzione della famiglia, unità che è a immagine della Trinità, consente a noi creature di capire l'assurdità della fornicazione. Siamo fatti a immagine della Trinità, per cui se nego col mio peccato di adulterio o di fornicazione all'immagine che sono di preservarsi tale, è come se negassi anche a ciò a cui somiglio di essere quello che è, cioè è come se dicessi alla Trinità , non hai il diritto di essere uno, non hai il diritto di essere Dio.

Si può comprendere quanto sto ora affermando solo non ponendosi in un'ottica individualista, che per sua natura è egocentrica ed estranea alla logica di Dio, perché fondata su quella umana decaduta, che é compromessa dal peccato originale. Siamo stati creati per avere una relazione con Dio, e ogni nostra azione o scelta non può prescindere da questo fatto, vale a dire ha sempre delle conseguenze nel rapporto anche mancato con Dio. Infatti, ogni nostro peccato è una ribadita personale negazione della relazione più importante in vista della quale siamo stati creati (Mt 22:37 *Ama il Signore Dio tuo con tutto il tuo cuore, con tutta la tua anima e con tutta la tua mente*) e di conseguenza di chi è Dio. In particolare i peccati di fornicazione e adulterio negano che Dio è amore (1 Gv 4:8), perché il dono della sessualità ci è stato dato a immagine delle estremamente intime e profondissime relazioni d'amore presenti in seno alla Trinità, con l'istituzione per esso della famiglia a immagine della Sua unità.

Così vediamo che la nostra posizione in quanto fatti a immagine della Trinità è, per quel che concerne la sessualità, completamente diversa da quella del mondo animale pur essendo anche noi creature, e la differenza è data dal fatto che la nostra sessualità è a immagine di Dio, della sua unità Trinitaria. Per questo nessuno ha il diritto di dissacrare se stesso con la fornicazione (1 Co 6:3 *Il corpo non è per la fornicazione, ma per il Signore*; 1 Co 6:15 *Non sapete che i vostri corpi sono membra di Cristo? Prenderò le membra di Cristo per farne membra di una prostituta?*) e per questo chi fornica pecca contro il proprio corpo (1 Co 6:18 *Fuggite la fornicazione. Ogni altro peccato che l'uomo commetta è fuori del corpo; ma il fornicatore pecca contro il proprio corpo*) e per questo l'identità sessuale è legata alla nostra identità più profonda.

Se denigriamo noi stessi coi peccati sessuali è come se stessimo denigrando chi ci ha fatto e alla cui immagine siamo creati, quindi gli atti sessuali al di fuori dell'amore coniugale sono in realtà un negazione della deità di Dio (Ro 1:24-25), e quando la Parola dice in Eb 13:4 *il letto coniugale non sia macchiato da infedeltà*, è come se dicesse: riconosci il nome di Dio alla cui immagine sei stato fatto.

Tutto questo pone in una prospettiva spirituale anche la prostituzione cosiddetta sacra, che nell'antichità era parte integrante del culto a divinità pagane quali Afrodite ecc., dietro le quali si cela sempre il serpente antico, Satana (Ap 12:9 *il Serpente antico, che è chiamato diavolo*), questi vuole di continuo appropriarsi dell'adorazione che l'uomo in quanto creato da Dio è chiamato a tributare solo all'Eterno (De 23:17 *Non vi sarà alcuna donna dedita alla prostituzione sacra – kedeshah – tra le figlie d'Israele, né vi sarà alcun uomo dedito alla prostituzione sacra – kedesh – tra i figli d'Israele.* Traduzione Interlineare Italiana R. Reggi EDB).

Quando ci convertiamo veniamo istruiti su come comportarci, ma è bene non recepire tali indicazioni solo come meri precetti, per quanto buoni, poiché dietro ogni precetto di Dio c'è il valore assoluto e il vero senso della vita che lui vuole che (ri)scopriamo come esseri umani per viverlo in lui. Tale rivelazione è la verità o meglio lo Spirito Santo che ci guida in tutta la verità (Gv 16:13) ed è così che quest'ultima ci rende liberi (Gv 8:32 *conoscerete la verità e la verità vi farà liberi*).

Tutto ciò fa meglio comprendere come mai Dio usa tanto il termine prostituta per indicare il suo sdegno per i compromessi spirituali adulterini vale a dire idolatrici di Israele (Gr 2:20 *sopra ogni alto colle e sotto ogni albero verdeggiante ti sei buttata giù come una prostituta*; Ez 23:30 *Queste cose ti saranno fatte perché ti sei prostituita correndo dietro alle nazioni, perché ti sei contaminata con i loro idoli*), perché la prostituzione è realmente un qualcosa di abominevole. È negazione della Trinità, poiché è negazione della sacralità della sua immagine, l'uomo.

Per questo la sessualità degli esseri umani deve essere consacrata a Dio, cioè vissuta nella sacralità della famiglia divinamente istituita, poiché stabilita a immagine della Trinità, infatti ledere una cosa del genere è impensabile.

LE RELAZIONI DIVINE NELLA TRINITÀ E I RAPPORTI FAMILIARI

Ricordiamo ora come si relazionano in seno alla Trinità le tre Persone di Dio. Se si considera il modo in cui queste si rapportano, si vede che il loro è un vincolo d'amore indicibilmente profondo, infatti è scritto che *Dio è amore* (1 Gv 4:16), per cui esse sono e si scambiano solo amore. Qualcuno ha detto che possono essere definite persone ma non individui perché in loro non vi è alcuna traccia dell'egocentrismo subentrato nella natura umana con il peccato originale, che ha posto in noi il seme dell'individualismo. A tale proposito notiamo che in Gv 8:54 sono riportate le seguenti parole di Gesù: *Se io glorifico me stesso, la mia gloria è nulla, chi mi glorifica è il Padre mio*. Questa frase ci mostra che al Signore è estranea la pratica egocentrica della vanagloria con cui costantemente l'essere umano cerca di affermarsi giusto davanti a se stesso e agli altri mediante il suo vivere e agire, che delibera, poiché spiritualmente morto, a propria (vana)"gloria" e indipendentemente da Dio. Per questo motivo quando veniamo salvati è proprio dalle *opere morte* che necessariamente ci ravvediamo (Eb 6:1). Inoltre consideriamo che in 1 Co 13:4-5 è scritto: *l'amore...non cerca il proprio interesse*, e poiché come abbiamo sopra detto Dio è amore, anche questa scrittura dimostra che non vi è egocentrismo in Dio. Nessuna delle Tre Persone della Trinità infatti cerca mai la propria gloria, ma solo quella delle altre due.

Riporto ora un frammento dello studio "l'amore di Dio è la via della vittoria", che chiarisce questa modalità di relazione divina, la quale per noi è fondamentale perché ci fa capire con quale spirito siamo chiamati a loro immagine a relazionarci gli uni agli altri in primo luogo in seno alla famiglia, ove l'amore di Dio è l'unica via della vittoria espressa nel recupero del piano originario del Creatore per la coppia o famiglia.

Il Figlio nella sua vita terrena ha sempre innalzato il Padre, lo vediamo in Gv 7:18: *Chi parla di suo cerca la sua propria gloria, ma chi* (Gesù) *cerca la gloria di colui* (il Padre) *che l'ha mandato è veritiero e non vi è ingiustizia in lui*. E quando il Salvatore parlava dello Spirito Santo, il Consolatore che avrebbe mandato, si percepiva che lo amava e che certo non era in competizione con lui o che avrebbe preferito tenersi il suo posto qui sulla terra e non mandarci un altro in vece sua, no lasciava allo Spirito Santo il ruolo e di conseguenza la gloria che avrebbe avuta e manifestata sulla terra alla sua venuta, infatti in Gv 16:7 è scritto: *È utile per voi che io me ne vada; perché se non me ne vado non verrà a voi il Consolatore, ma se me ne vado io ve lo manderò*. Noi parliamo spesso d'unzione, soprattutto quando si ministra, ma questa è lo Spirito Santo che si manifesta, è la Sua gloria, non ci si pensa però, perché quando ciò avviene lo Spirito Santo sta dando gloria al Figlio, come è scritto in Gv 16:14: *Egli mi glorificherà perchè prenderà del mio e ve l'annunzierà*. Infatti, in tutto il suo operare nel corpo di Cristo lo Spirito Santo cerca la gloria del

Figlio e così del Padre, perché chi innalza il Figlio innalza il Padre (Fl 2:11 *Ogni lingua confessi che Gesù è il Signore alla gloria di Dio Padre*). E il Padre si comporta in modo analogo perchè da lui procede lo Spirito Santo che il Figlio ha mandato sulla terra, vale a dire anche lui vuole che la gloria dello Spirito Santo si manifesti sulla terra per dar gloria al Figlio suo testimoniando di lui, (Gv 15:26 *Quando sarà venuto il Consolatore che io vi manderò da parte del Padre, lo Spirito della verità che **procede** dal Padre egli testimonierà di me*). E ancora il Padre parla dell'innalzamento del Figlio in Is 52:13: *il mio servo sarà innalzato esaltato reso sommamente eccelso*.

Dio è un Dio relazionale, tra le tre Persone della Trinità c'è una viva e dinamica relazione, una danza, unità e connubio d'amore per cui sono uno (*Lo Spirito – Santo – scruta ogni cosa anche le profondità di Dio, ...nessuno conosce le cose di Dio se non lo Spirito di Dio* 1 Co 2:10-11). E Gesù nel modo in cui si rivolge al Padre e parla con lui nel corso della sua vita terrena mostra che tra loro vi è un profondissimo rapporto affettivo (Gv 1:18 *Nessuno ha mai visto Dio, l'unigenito Dio che è nel seno del Padre è quello che l'ha fatto conoscere*). E questa loro dinamica relazione d'amore è talmente viva che creandoci è come se l'avessero voluta espandere, nel senso di donare, per inglobarci al suo interno. Le tre Persone della Trinità hanno infatti voluto creare l'umanità per includerla nel loro reciproco abbraccio, al fine di renderla partecipe dell'amore che costantemente si scambiano, essendo esse stesse amore. Di fatti abbiamo visto che Adamo ed Eva, prima del peccato originale, erano vestiti della gloria del Dio trinitario (Ge 2:25) e condividevano lo stato di perenne comunione delle tre Persone, vale a dire erano partecipi della loro danza di gloriosa unità nell'amore assoluto che costantemente si scambiano, e ora in Cristo conosciamo di nuovo tale gloria, tanto è vero che *la nostra comunione è con il Padre e con il Figlio suo Gesù Cristo* (1 Gv 1:3) *e con lo Spirito Santo* (2 Co 13:13). Infatti noi sperimentiamo quotidianamente che lo Spirito Santo opera in noi per trasformarci ad immagine del Figlio in modo che le nostre vite lo glorifichino, a lode e gloria del Padre (Fl 2:11). E dal Padre è proceduto lo Spirito Santo, mandato dal Figlio, affinché ciò potesse avvenire, vale a dire siamo inclusi nella loro relazione d'amore.

E in questo loro abbraccio in cui ci includono e con cui ci cingono (De 33:27 *Dio......e sotto di te stanno le braccia eterne*), noi siamo chiamati ad amare non solo loro, Dio, ma anche ad amarci gli uni gli altri, cioè ad essere **in loro** partecipi del *vincolo della perfezione* (Cl 3:14), che è l'amore e che è il modo, come sopra detto, in cui le tre Persone della Trinità sono e si amano. E siamo chiamati a far questo in primo luogo in seno alla struttura istituita a immagine della Trinità, la famiglia.

Con le considerazioni sulla Trinità sopra esposte abbiamo evidenziato il fatto che nessuna delle tre Persone cerca mai se stessa poiché è esente da egocentrismo, ma ognuna persegue in primo luogo la gloria delle altre due, ora notiamo che queste fanno ciò sempre con un'attitudine di autentico **servizio reciproco** (come ci mostrano i versetti qui sotto riportati), vale a dire ciascuna di loro opera nel rispetto dell'altrui e proprio ruolo e mai in una posizione di dominio dell'uno sull'altro o di manipolazione dell'altro.

- Gv 11:42 "*...sapevo bene che tu mi esaudisci sempre*".
  Con queste parole Gesù si rivolse al Padre, il quale mentre esaudisce il Figlio in realtà lo sta servendo, perché gli sta dando e si sta dando a lui.
- Gv 5:18 *Il Figlio non può da se stesso fare cosa alcuna se non ciò che vede fare dal Padre, perché le cose che il Padre fa anche il Figlio le fa ugualmente.* Ubbidendo al Padre il Figlio serve il Padre e si da a Lui.
- Gv 16:14 *Egli... prenderà del mio e ve l'annunzierà.* Lo Spirito Santo annunziando il Figlio lo serve e si da a Lui.
- Tutti i versetti sopra menzionati che sono stati utilizzati

per indicare come le tre Persone cercano sempre la gloria delle altre due e mai se stesse, denotano l'attitudine di un autentico servizio reciproco perché dove nelle relazioni non vi è egocentrismo, vi è servizio.

Possiamo perciò affermare che tutto quello che le tre Persone della Trinità fanno, lo attuano sempre servendosi reciprocamente con amore incondizionato.

Lo stesso vale per la struttura relazionale da Dio concepita per l'uomo, la donna e la loro prole. Infatti, per capire i giusti equilibri relazionali all'interno della famiglia, bisogna tener presente, come già accennato, che questi non sono mai stati da Dio istituiti all'insegna dell'egocentrismo, ma sono stati concepiti nell'attitudine a servirsi nel rispetto reciproco dell'altrui e proprio ruolo.

L'esser capo del marito e sottomessa della moglie (Ef 5:23-24), sono solo diverse posizioni di due creature fatte a immagine di Dio in seno all'istituzione famiglia, e in Cristo entrambe le condizioni non si coniugano mai col dominio o con la manipolazione dell'uno sull'altro. Il corrispettivo della sottomissione non è mai il dominio, come non lo fu da parte del Padre nei confronti del Figlio a lui sottomesso. Persino quando Gesù ricevette dal Padre il comando di andare sulla croce, lui scelse di farlo e così gli obbedì, infatti nessuno poteva togliergli la vita poiché non aveva mai peccato, fu lui a deporla. Quindi anche in quel caso il Salvatore non fu dominato dal Padre, ma semplicemente adempì la sua volontà. (Gv 10:17-18 *Per questo mi ama il Padre, perché depongo la mia vita per prenderla di nuovo. Nessuno me la toglie, ma la depongo da me stesso; io ho il potere di deporla e ho il potere di prenderla di nuovo: questo comando ho ricevuto dal Padre mio*). Parimenti Gesù non ha mai manipolato il Padre per evitare di fare la sua volontà cercando di imporgli velatamente la propria e di perseguire così una forma mascherata di dominio dell'altro.

Esaminiamo ora un po' più attentamente la subordinazione di

Cristo al Padre considerando alcuni versetti che la evidenziano:

- 1 Co 11:3 *...il capo di Cristo è Dio*
- 1 Co 3:23 *...e voi siete di Cristo e Cristo è di Dio*
- 1 Co 15:28 *...anche il Figlio stesso sarà sottoposto a colui che gli ha sottoposto ogni cosa.*

Subordinazione che è presente anche nella loro azione riguardo alla creazione come vediamo in

- 1 Co 8:6 *tuttavia per noi vi è un solo Dio, il Padre,* **dal** *quale sono tutte le cose, e noi viviamo per lui e un solo Signore, Gesù Cristo* **mediante** *il quale sono tutte le cose e mediante il quale anche noi siamo.*

Osservando inoltre i seguenti due versetti comprendiamo in una qualche misura come Dio concepisce la subordinazione (sottomissione), e come questa si attua in seno alla Trinità alla cui immagine siamo stati creati:

- Gv 1:1, 3 *Nel principio era la Parola e la Parola era con Dio... ogni cosa è stata fatta per mezzo di lui* (la Parola) *e senza di lui* **neppure una** *delle cose fatte è stata fatta*
- Cl 1:16 *...tutte le cose che sono nei cieli e sulla terra...sono state create per mezzo di lui* (il Figlio) *e in vista di lui.*

Vale a dire per il Padre la sottomissione del Figlio implica sempre la totale partecipazione e coinvolgimento di Questi in tutto quello che il Padre stesso fa, tanto è vero che ogni cosa è attuata per mezzo del Figlio e ciò a gloria del Figlio perché ogni cosa è fatta in vista del Figlio. Mentre il Padre coinvolge e onora così operando il Figlio, lo sta in tal modo servendo e innalzando; in questo senso la loro sottomissione è reciproca anche se in ruoli diversi, analoga alla situazione dell'uomo che onora la moglie, il *vaso più delicato* (1 P 3:7), sottoponendosi nella verità alla sua intelligenza femminile e alle sue necessità, così innalzandola, o anche analoga alla sottomissione reciproca di tutti i membri della chiesa nella verità Ef 5:21 (*sottomettetevi gli uni agli altri nel timore di Dio*), per cui chi riveste un posto in autorità nella comunità è tenuto a sottomettersi alle esigenze di chi gli è sottoposto per onorarlo nella verità.

Abbiamo visto che i pensieri di Dio sono più elevati dei nostri (Is 55:8), infatti la gerarchia (se pur così definibile) in seno alla Trinità non ha mai un'esclusività verticalista, vale a dire non è volta all'esclusivo innalzamento di chi è posto al vertice. Il Figlio è sottoposto al Padre, ma questi non opera come sopra detto senza coinvolgerlo ricercandone il totale innalzamento, vale a dire pur essendogli il Figlio sottoposto, il Padre per operare si sottopone a sua volta al Figlio, a ribadire come il loro rapporto è incluso sempre, come prima descritto, in una danza di amore Trinitario paritario.

IL TARLO DEL DOMINIO

Ora iniziamo a introdurre il secondo punto principale del discorso, vale a dire come si è trasformato dopo il peccato originale il rapporto tra l'uomo e la donna in seno alla coppia. Faremo questo però sempre nell'ottica del punto primo, vale a dire pur vedendo le screpolature subentrate con il peccato originale nell'opera d'arte creata da Dio che noi stessi siamo, la nostra tensione sarà sempre volta a coglierne la bellezza originaria con l'obbiettivo di vederla per mano di Dio recuperata in noi. Analizzeremo la caduta solo in vista del ripristino e per questo motivo spesso torneremo a trattare il punto uno paragonando lo stato proprio del piano originario ai vuoti che la sua mancata attuazione ha determinato nella relazione della coppia.

Nel far questo continueremo a non tifare per il genere di appartenenza e a non colpevolizzare carnalmente noi stessi per le personali carenze rispetto al modello concepito da Dio, perché abbiamo come intento nel considerare le deformazioni introdotte dalla caduta nella coppia solo quello di mettere in luce la verità, consentendo così allo Spirito di far in modo che questa in lui ci liberi illuminandoci, cambiandoci nel farci uscire progressivamente dal nostro egocentrismo (Gv 8:32 ...*conoscerete la verità e la verità vi farà liberi*).

Adesso consideriamo come le relazioni umane all'interno della famiglia sono state trasformate dal peccato originale, ciò secondo quanto scritto in Ge 3:16b, dove è riportata quella parte della maledizione, conseguita alla caduta, che è inerente alle relazioni in seno alla coppia. Nel versetto indicato è scritto: ...*i tuoi desideri si volgeranno verso tuo marito ed egli dominerà su di te*.

Nel corso della storia dell'umanità, infatti, è evidente che l'uomo ha esercitato il suo dominio sulla donna, fenomeno subentrato, come appena riportato nella citazione, con il peccato originale (Ge 3:16). Proprio quest'ultimo fatto ci permette di constatare che **il dominio ha luogo secondo un modello relazionale** non santo e Trinitario, ma satanico, poiché **ispirato dal nemico di Dio**. Accanirsi a volerlo mantenere anche nelle chiese servendosi addirittura della scrittura, è cercare un modello satanico per compiacere Cristo e questa è veramente una cosa perversa oltre che un'aberrazione.

La tendenza al dominio subentrato nella natura maschile con il peccato originale ha portato questa non solo a dominare la donna, ma anche a cercare di dominare altri uomini dando luogo a competizioni e guerre. In Gm 3:14 è scritto: ...*se avete nel vostro cuore amara gelosia e spirito di contesa, non vi vantate e non mentite contro la verità*. Constatiamo da questo versetto che lo spirito di contesa, il quale è legato all'anelito al dominio sull'altro, è qualcosa contro la volontà di Dio nell'esistenza dell'essere umano, poiché è contro la verità che è Dio (Gv 14:6).

Per quel che concerne la donna, questa essendo *più delicata* (1 P 3:7), ha tentato di esercitare a sua volta il dominio con metodi però più velati, cioè la manipolazione del coniuge; e notiamo che spesso anche i figli si valgono dello strumento della manipolazione per dominare i genitori.

Vale a dire dalla caduta in poi il tarlo del dominio ha minato i rapporti in seno alla famiglia e questi non sono stati più a immagine della Trinità, infatti il dominio è divenuto il denominatore comune sotteso alle relazioni familiari, perseguito, per chi è più forte fisicamente, palesemente e per chi è più delicato, donne e bambini, in modo velato attraverso la manipolazione.

Questa considerazione ci porta a esaminare quella parte della maledizione che forse più rivela la rottura del rapporto dell'uomo con Dio, perché introduce la morte fisica, risultato e specchio di quella spirituale. Infatti, l'istituzione del decadimento corporeo palesa visivamente la spaccatura nella relazione dell'umanità con l'Eterno.

Il solco della separazione da Dio ha spogliato Adamo ed Eva della Sua gloria e ha così annullato la presenza del Signore in seno alla coppia introducendovi il dominio, vale a dire l'ha svestita anche nelle sue relazioni della gloria di Dio e ha sottoposto loro stessi e il loro rapporto alla signoria di Satana (Ef 2:2 *...il principe...quello spirito che opera...negli uomini ribelli*). Ricapitolando possiamo dire che eliminata nell'uomo la presenza di Dio, la Sua gloria è uscita dalle relazioni in seno alla coppia e vi è entrata la presenza del diavolo e con essa il principio del dominio sull'altro in seno alla famiglia, a immagine del rapporto che Satana ha con l'uomo, che certo non ama, ma domina (Gv 8:44 *voi siete dal diavolo che è vostro padre*). L'assenza della gloria di Dio ha così compromesso la capacità umana di vivere gli equilibri relazionali familiari a immagine della Trinità, vale a dire nell'amore incondizionato, (1 Gv 5:19 *...tutto il mondo giace sotto il potere del maligno*; Ro 3:23 *tutti hanno peccato e sono privi della gloria di Dio*).

In Ge 3:17-18 è scritto: *...il suolo sarà maledetto per causa tua, ne mangerai il frutto con affanno tutti i giorni della tua vita. Esso* *ti procurerà spine e rovi, e tu mangerai l'erba dei campi; mangerai il pane con il sudore del tuo volto, finché tu ritorni nella terra da cui fosti tratto; perché sei polvere e polvere ritornerai.* Quando tratteremo il concetto di autorità chiariremo come mai il suolo viene maledetto da Dio in seguito alla caduta, ma per ora ci limitiamo a esaminare quella parte della maledizione che riguarda l'attività lavorativa.

Il lavoro esisteva prima del peccato originale e faceva parte dell'attività di governo della creazione che Dio ha affidata all'uomo delegandogli anche l'esercizio su di essa della Sua autorità, ovviamente secondo la Sua volontà, come leggiamo in Ge 2:15 *Dio il Signore prese dunque l'uomo e lo pose nel giardino dell'Eden perché lo lavorasse e lo custodisse.* Infatti il lavoro è stato dato da Dio all'essere umano perchè lo viva a gloria del Signore e da questa rivestito, tributando onore all'Eterno, vale a dire come forma di adorazione.

Dopo essersi con il peccato originale dichiarato indipendente da Dio, l'uomo non ha più sperimentato il lavoro come una forma di lode al Signore, ma come uno strumento di proclamazione della propria autonomia nei confronti di Dio, di autosufficienza rispetto a Lui, e questo ovviamente gli è sempre costato fatica, perché è una falsità, poiché senza Dio l'essere umano non può nulla, neanche esistere, perché è stato creato dall'Eterno (Gv 1:3).

Tutto ciò rivela ed esprime la connaturata tendenza adamitica volta costantemente a dimostrarsi **indipendente** da Dio attraverso il proprio operare, che consiste in un tentativo di dominare la stessa propria esistenza accanendosi a cercare di affermarne il valore con un'auto-proclamazione di forza che esclude Dio alla propria vita. Vale a dire la stessa attitudine violenta per la quale l'essere umano cerca di affermarsi sull'altro dominandolo, la persegue nei propri confronti illudendosi di essere autore della sua stessa vita e di amarsi. Per questo la scrittura dice in Ef 2:9 *....siete stati salvati.... non per opere perché nessuno si glori,* e in Za 4:6 "*non per potenza né per forza ma per il mio Spirito*" dice l'Eterno.

Ora differenziamo le componenti maschile e femminile della natura adamitica per metterne a fuoco la diversità e notare le peculiarità di ciascuna.

Quella maschile essendo volta al dominio e alla competizione è tentata costantemente di assegnare un ruolo prioritario al proprio lavoro, declassando così per importanza Dio, la moglie e i figli, e vivendo l'accettazione di sé in funzione del successo lavorativo per l'attaccamento, per natura egocentrico, alla propria attività. L'inganno consiste nel voler dimostrare con le proprie forze che quest'ultima è efficace e fruttuosa a dispetto della maledizione che colpendo il suolo ha intaccato ogni attività umana. Questo non significa che non si possa essere soddisfatti del proprio operare a gloria di Dio, poiché siamo stati fatti a sua immagine e lui alla fine di ogni giorno della creazione considerò quello che aveva fatto e lo valutò buono, vale a dire si dichiarò soddisfatto. Teniamo presente però che noi ora stiamo esaminando l'opera del nemico e come lui ha modificato le relazioni e attività umane compromettendone l'assoluta bellezza.

Adesso consideriamo la componente femminile della natura adamitica che come quella maschile è costantemente volta a dimostrarsi indipendente da Dio e a perseguire l'auto-proclamazione di sé, ma essendo la donna stata concepita a immagine della Trinità come aiuto convenevole dell'uomo, ed essendo rivolta con i suoi desideri verso il marito in seguito alla maledizione che da dominata la colpisce (Ge 3:16), lei ha cercato di affermare la sua indipendenza da Dio nel corso dei secoli prevalentemente attraverso l'uomo.

Tra breve esamineremo il significato del concetto *"aiuto convenevole"* (Ge 2:18), che ora al fine di comprendere quanto abbiamo appena detto solo accenniamo. Notiamo che la donna può svolgere tale funzione, assegnatagli da Dio nell'ordine della creazione, solo vivendo conformemente alla Sua volontà, cioè stando nella verità, cosa che però se non conosce il Signore non può fare, perché non ha la verità in sé, poiché è scritto in Gv 14:17

Lo Spirito della verità che il mondo non può ricevere, perché non lo vede e non lo conosce. Dopo il peccato originale la donna non potendo più essere un'aiuto convenevole rivestito della gloria divina e così conforme alla volontà di Dio, è di conseguenza divenuta una collaboratrice di caduta, e se l'uomo sta cercando l'indipendenza da Dio, spalleggiandolo in questo cerca anche lei la sua indipendenza da Dio, assieme a lui e attraverso di lui.

La tendenza al dominio, subentrata nella natura umana con il peccato originale, è completamente diversa dal sano dominio sulla creazione affidata in Ge 1:26-28 da Dio all'uomo e alla donna perché la governino quali suoi rappresentanti, (*abbiano dominio sui pesci del mare, sugli uccelli del cielo, sul bestiame, su tutta la terra e su tutti i rettili che strisciano sulla terra ...riempite la terra e rendetevela soggetta*). Quest'ultima forma di dominio equivale a scoprire la creazione con l'amore di Dio e nel suo nome, rispettandola e valorizzandola. Consideriamo che anche tale comando al dominio Dio lo diede prima del peccato originale, quando nella creazione non esisteva la morte e quindi per essa non poteva essere che una benedizione.

La differenza che intercorre tra le due forme di dominio che stiamo considerando si può evidenziare notando che per la maledizione legata al peccato originale la natura maschile adamitica e quella femminile (con altre modalità in quanto soggetta al dominio maschile e dotata di proprie caratteristiche di genere Ge 3:16), hanno la tendenza a cercare di stabilire un proprio primato in competizione negativa con gli altri esseri umani e a circoscriversi un'area entro cui vantarlo, ciò anche in seno alla coppia e famiglia. Versetti che ci mostrano questa forma di dominio demoniaco sono Mt 20:25: *..I principi delle nazioni le signoreggiano,* e in modo molto esteso Is 8:11-17 ove viene esaurientemente descritto il modo in cui un sovrano può padroneggiare sui sudditi secondo la natura dominante adamitica. Nel versetto successivo a Mt 20:25, prima indicato, vediamo invece riportata l'attitudine del cuore di chi esercita la vera forma di dominio voluta da Dio, che non è mai verso il proprio prossimo: *...ma...chiunque vorrà essere grande tra di voi sarà vostro servitore.* Infatti, qui vediamo presente uno spirito di servizio verso l'altro non di sopraffazione, e chi è così motivato verso i suoi simili può dominare il creato nel modo voluto da Dio, cioè adorando l'Eterno, quindi non in maniera lesiva per lo stesso. L'atto più distruttivo che l'essere umano ha fatto verso la creazione è il peccato, perché così l'ha sottoposta alla morte, come leggiamo in Ro 8:20 *La creazione è stata sottoposta alla corruzione non di sua propria volontà, ma a motivo di colui che ve l'ha sottoposta* (vale a dire dell'uomo Ge 3:17-19). Per questo l'obbedienza a Dio è quello che permette di dominare il creato nel modo giusto.

CAPITOLO 2

I RAPPORTI FAMILIARI SECONDO IL PIANO DI DIO

LA POSIZIONE DELL'UOMO IN SENO ALLA COPPIA E I SUOI EFFETTI

Vediamo allora come all'origine erano stati da Dio ideati i rapporti in seno alla famiglia.

Focalizzeremo la nostra attenzione in primo luogo e in modo approfondito sull'uomo per un motivo ben preciso che esporremo in base a quanto scritto in Ge 3:1-7.

> *Il serpente era il più astuto di tutti gli animali dei campi che Dio il Signore aveva fatti. Esso disse alla donna: "Come Dio vi ha detto di non mangiare da nessun albero del giardino?" La donna rispose al serpente: "Del frutto degli alberi del giardino ne possiamo mangiare; ma del frutto dell'albero che è in mezzo al giardino Dio ha detto: 'Non ne mangiate e non lo toccate altrimenti morirete'". Il serpente disse alla donna: "No, non morirete affatto; ma Dio sa che nel giorno che ne mangerete i vostri occhi si apriranno e sarete come Dio, avendo la conoscenza del bene e del male". La donna osservò che l'albero era buono per nutrirsi, che era bello da vedere e che l'albero era desiderabile per acquistare conoscenza; prese del frutto, ne mangiò e ne diede anche a suo marito, che era con lei, ed egli ne mangiò. Allora si apersero gli occhi ad entrambi e si accorsero di essere nudi.*

Notiamo che questo brano ci mostra come al momento della caduta la donna fu sedotta, mentre l'uomo mangiando del frutto che questa gli offrì, peccò lucidamente, senza inganno, ciò è confermato dalla scrittura in 1 Ti 2:14 *Adamo **non** fu sedotto, ma la donna essendo stata sedotta.* Osserviamo inoltre l'importante particolare che solo dopo che anche l'uomo ebbe peccato *gli occhi di entrambi si apersero e si accorsero di essere nudi* (Ge 3:7), vale a dire se Adamo non avesse peccato gli occhi di nessuno dei due si sarebbero aperti, questo per la sua particolare posizione in autorità in seno alla coppia, posizione che a più riprese esamineremo. L'episodio quindi conferma Adamo nel suo ruolo di capo di Eva (1 Co 11:3 *...il capo della donna è l'uomo*), e ci consente di constatare che questo suo stato è strategico e determinante per l'accesso della maledizione in seno alla coppia o al contrario, vivendo l'uomo il suo ruolo nel modo positivo, delle benedizioni e dell'amore di Dio, atto a irrigare attraverso di lui la moglie e di conseguenza tutta la famiglia. Vediamo così già evidenziato uno dei motivi per cui Dio richiede al marito di amare la moglie come Cristo ha amato la chiesa (Ef 5:25).

Questo non vuol dire che la consorte e i figli, se sono persone rigenerate, non abbiano un rapporto personale con Dio, ma sta solo a significare che in base a come il Signore concependo la coppia ha istituito la famiglia, ha assegnato in seno ad essa all'uomo un posto particolare in autorità. Inizieremo ora a considerare come questi è chiamato a viverlo ricercando la gloria di Dio, quindi con un'attitudine nel proprio ruolo volta al servizio dell'altro e in primo luogo della moglie.

I seguenti versetti confermano la posizione dell'uomo nella coppia: Ge 2:18 *Non è buono che l'uomo sia solo; io gli darò un aiuto conveniente a lui*; 1 Co 11:8, 10 *la donna è la gloria dell'uomo, ...e l'uomo non fu creato per la donna ma la donna per l'uomo.*

Abbiamo visto che l'egoismo e l'egocentrismo sono caratteristiche subentrate nella natura umana dopo il peccato originale, per cui non danno gloria all'uomo ma gliela rubano. Se una donna è data all'uomo a gloria dell'uomo, non gli può essere data per assecondarne l'egoismo e l'egocentrismo perchè tali qualità non danno gloria al marito ma gliela sottraggono perché sono peccati e sono privi della gloria di Dio (Ro 3:23), infatti peccato e gloria sono incompatibili. Per cui non si può pensare che Dio assegni la donna all'uomo per assecondarne l'egocentrismo, ma perché lui la ami con l'amore di Cristo (Ef 5:25), perché solo così l'uomo vive la gloria che gli è donata da Dio attraverso la donna, altrimenti la rifiuta, perché il suo egoismo e egocentrismo non possono mai essere canali di ricezione della gloria donatagli da Dio (in questo caso attraverso la donna), perché sono forme di carnalità, cioè peccato, e nel peccato si è privi della gloria di Dio.

Quindi l'uomo per essere veramente maschile secondo il senso che Dio da al termine, e ricevere così la gloria che Dio gli vuole dare attraverso la moglie, deve amarla con l'amore sacrificale di Cristo (Ef 5:25 *Mariti amate le vostre mogli come anche **Cristo ha amato la chiesa e ha dato se stesso per lei**, per santificarla dopo averla purificata lavandola con l'acqua della Parola per farla comparire dinanzi a sé, gloriosa, senza macchia, senza ruga e altri simili difetti, ma santa e irreprensibile. Allo stesso modo i mariti devono amare le mogli come il loro proprio corpo. Chi ama sua moglie ama se stesso*). Vale a dire la vera mascolinità chiama l'uomo a comportarsi con la moglie come Gesù fa nei confronti della chiesa, lui dopo averla comprata a costo della sua vita l'innalza costantemente dinnanzi al Padre presso il quale sempre intercede (Eb 7:25) per lei presentandola giustificata e purificata dal suo sangue (Eb 9:12, 14), e in tal senso è costantemente e attivamente impegnato a servirla. Gesù disse: *io sono in mezzo a voi come colui che serve* (Lu 22:27). Non deve stupire che in seno alla famiglia ci sono rapporti di mutuo servizio, perché noi siamo fatti a immagine della Trinità e le tre Persone, ciascuna nel suo ruolo, senza mai prevaricare quello dell'altra, si servono sempre reciprocamente come abbiamo gia ampiamente appurato.

Quindi la vera natura maschile nei confronti della donna, natura compromessa dal peccato originale, è l'amore incondizionato dato da Dio all'uomo per la consorte, il quale solo gli permette di ricevere la gloria che Dio attraverso di questa vuole donargli (Pr 18:22 *Chi ha trovato moglie ha trovato una buona cosa e ha ottenuto un favore dall'Eterno*). Forse il termine che più si avvicina nell'attuale stato della creazione a tale qualità dell'uomo è la parola gentleman, che vediamo chiaramente descritta in 1 P 3:7 *..voi mariti, vivete con le vostre mogli con il riguardo dovuto alla donna, come a un vaso più delicato. Onoratele.* Vale a dire il di più a forza che si è ricevuto dal Creatore viene vissuto non come strumento per dominare ma per amare e onorare (tale termine è anche sinonimo di rispettare) il vaso più delicato, vale a dire per servire, tutelare, innalzare nel rispetto del proprio ruolo di capo, la compagna, in modo da accettare il sostegno donatogli da Dio attraverso di lei in maniera appropriata e di non tentarla a vivere il suo ruolo di aiuto in modo non conforme alla volontà di Dio, ma di farle trovare in lui come coppia quel riposo che la chiesa trova in Cristo (Eb 4:8-11 *...un riposo di sabato per il popolo di Dio...*; Mt 11:28 *Venite a me voi tutti che siete affaticati e oppressi e io vi darò riposo*).

Come ci fa Gesù conoscere tale riposo in lui, come agisce con la chiesa a tal fine? Le o meglio ci insegna a vivere fondando la nostra esistenza sulla grazia, vale a dire insegnandoci che possiamo vivere solo riconoscendo che Lui è il capo (Gv 15:5 *..senza di Me non potete fare nulla*) e che noi mai possiamo sostituirci a lui in tal senso, e consentendogli per la grazia che ci ha data e con cui costantemente ci alimenta (Tt 2:11-12 *la grazia...ci insegna*) di lasciarci amare, formare, indirizzare da lui, vale a dire servire da lui. (Lu 22:27 *Io - Gesù – sono in mezzo a voi come colui che serve*). Lui è Dio, mai ci possiamo sostituire a lui che è il capo (Ef 5:23), se tentiamo di farlo pecchiamo d'orgoglio e non lo stiamo seguendo, ma seguirlo significa accettare di camminare nella grazia consentendogli di rinnovarci interiormente (Fi 2:13 *..è Dio che produce in voi il volere e l'agire secondo il suo disegno benevolo; Ef 4:22-23 ...spogliarsi dell'uomo vecchio che si corrompe per mezzo della seduzione, per essere rinnovati nello spirito della vostra mente e rivestire l'uomo nuovo, creato secondo*

Dio nella giustizia e verità della santità), vale a dire di servirci con quello che solo lui può operare in noi, la santificazione (Eb 12:2 *è lui che crea la fede e la rende perfetta*). E la nostra obbedienza e sottomissione consiste nel non opporci all'essere serviti, adacquati, annaffiati dal suo amore ogni istante (Is 27:3). Gesù ci ha donato quella giustificazione per cui sempre ci innalza, ad esempio intercedendo per noi (Ro 8:34 ...*è alla destra di Dio e sempre intercede per noi*).

E questo è quello (Ef 5:25) che l'uomo è chiamato a fare nei confronti della moglie, vale a dire la donna sottomettendosi al marito non si oppone all'essere servita dall'amore, la copertura come capo e relativa sicurezza e guida, che Dio le vuole dare attraverso il marito.

I coniugi sono chiamati a servirsi reciprocamente, ma ciascuno nel suo ruolo, vale a dire nessuno dei due è coniugato in primo luogo per prendere, nel senso di cercare egocentricamente se stesso (1 Co 13:5 *l'amore non cerca il proprio interesse*), ma per dare, cioè per servire nel proprio ruolo l'altro. In tal senso l'uomo si rivolge alla donna per amarla come Gesù sempre fa con la chiesa e come abbiamo sopra descritto, la donna non resiste il dono di tale amore che costantemente l'innalza e onora, (1 P 3:7, ribadiamo, onorare è sinonimo di rispettare) e così non prevarica il ruolo di capo del marito, e in tal senso si sottomette a lui consentendogli di servirla, come fa la chiesa quando obbedendo a Gesù non resiste la sua guida amorevole, ma accetta di essere da lui servita seguendolo, cioè camminando nella grazia e così riposandosi spiritualmente in lui.

È bene anche sottolineare che la Parola chiama entrambi i coniugi al rispetto reciproco ciascuno nel proprio ruolo, in Ef 5:33 alla moglie si chiede di rispettare il marito e in 1 P 3:7 all'uomo di onorare la moglie, verbo quest'ultimo che, come prima detto, è sinonimo di venerare e rispettare.

UN FIUME D'AMORE CHE SCORRE NELL'AUTORITÀ

Per meglio illustrare quanto sopra detto, descrivo come il Signore mi ha spiegato le relazioni in seno alla famiglia paragonandole a un fiume d'amore e legandole al concetto di autorità, nel far questo continueremo a mettere a fuoco entrambi i ruoli collegandoli costantemente.

Consideriamo nuovamente tali relazioni prima del peccato originale. Entrambi i coniugi hanno un rapporto personale con Dio e sono rivestiti della sua gloria, infatti non sanno di essere nudi (Ge 3:7), allo stesso tempo la donna è creata a *gloria dell'uomo* (1 Co 11:7), cioè per essere investita d'un **fiume d'amore** che procede dall'uomo che l'ama dell'amore di Dio, tale amore quindi proviene dal trono di Dio (Ap 22:1) e le è destinato attraverso l'uomo. Amore questo, come abbiamo già detto, paragonabile a quello con cui Gesù ama e inonda la sua chiesa (per la quale ha versato la sua vita Ef 5:25), che è il modo attuale, l'amore di Dio, con cui noi salvati condividiamo la sua presenza (*poiché è stato sparso nei nostri cuori* Ro 5:5) e in Cristo nuovamente la sua gloria (Ro 3:23), anche se ancora con misura (Ro 8:23 *aspettiamo...la redenzione del nostro corpo*).

Quindi la moglie è investita da un simile fiume d'amore divino da parte dal marito in seno alla famiglia essendo questi chiamato a coinvolgerla in tutto il suo vivere come il Padre fa con il Figlio (Cl 1:16), secondo la concezione del rapporto verso il sottoposto presente in seno alla Trinità che abbiamo in precedenza descritto.

Osservando alcune caratteristiche proprie della natura femminile si può notare come essa è atta ed è stata fatta per essere inondata di tale amore da parte di Dio, da ricevere attraverso il marito, (pur nutrendo lei stessa la sua relazione personale con il Signore), in base a come Dio ha divinamente concepito la famiglia, in modo che a sua volta la moglie secondo il suo genere femminile di appartenenza vede l'amore di Dio nel suo ruolo di aiuto convenevole accolto dal marito (che solo amandola può riceverlo), e il verticalismo strutturale della famiglia similmente al rapporto Padre Figlio nella Trinità anche qui diventa una danza d'amore paritario trinitario, che in quanto tale include e abbraccia la prole, come poi meglio vedremo.

Adesso consideriamo caratteristiche della natura femminile che mostrano come la donna è stata creata per essere inondata da questo fiume da parte di Dio attraverso il coniuge. Un primo aspetto da considerare è legato al fatto che la creazione è un inno alla vita (Sl 103:22 *tutto il creato lodi l'Eterno*). Poiché ogni cosa è stata fatta in Colui e in vista di colui che è la vita (Cl 1:16; Gv 14:6) è logico che il creato ne è un inno, e la famiglia che è parte integrante della creazione lo è più che mai poiché è fatta a immagine della Trinità. La donna all'interno di questo inno ha un ruolo particolare che esamineremo sempre di più. Dio alla fine della creazione, formando la donna (ultima sua specificazione creativa, ciliegina sulla ciliegina della torta del creato (1 Ti 2:13 *Adamo fu formato per primo e poi Eva*), si è compiaciuto di creare un inno alla bellezza della vita, la vita che è Gesù Cristo stesso (Gv 14;6), perché l'uomo (Pr 18:22 *Chi ha trovato moglie ha trovato un bene e ha ottenuto un favore dal Signore*; Pr 19:14 *la moglie giudiziosa è un dono del Signore*) ricevendo come dono questo concentrato di bellezza del creato a immagine del Creatore, destinata specificatamente a lui, l'ami dell'amore di Dio, inneggiando alla grandezza dell'Eterno vedendo la Sua bellezza in lei, Sua immagine, riflessa e donatagli.

Ovviamente prima del peccato originale non c'era la morte e il decadimento fisico, ma solo la santità, e la bellezza esteriore non era qualcosa di temporaneo o che si era già rivelato ingannevole ed estraneo a quella interiore. Infatti la bellezza della donna come persona nella sua totalità, quindi sia interiore che esteriore, è un inno allo splendore della creazione di Dio, e come tale rimanda in primo luogo all'unica e insuperabile grandezza e bellezza che è quella del suo Creatore, essendo lei una sua immagine (Ro 1:20 *..le sue qualità invisibili, la sua eterna potenza e divinità, si vedono chiaramente fin*

dalla creazione del mondo essendo percepite per mezzo delle opere sue).
Tutto questo per sottolineare che la donna nell'ordine del creato è
una principessa (significato della parola Sara) e che l'amore sacro
di Dio le è dovuto da parte dell'uomo semplicemente perché esiste
come tale, e che il suo bisogno di curare la sua estetica, vivo in lei in
una qualche misura a tutte le età, (ho visto donne quasi centenarie
tenere al proprio aspetto), fa parte di questo suo ruolo nel creato,
è fatta per essere confermata (non usata) nella sua bellezza sia
interiore che esteriore da parte del coniuge, e ciò a gloria di Dio,
venendo investita dal Suo amore attraverso l'uomo.

A scanso di equivoci notiamo che nei due versetti qui di seguito
riportati Dio non sta chiedendo alla donna di mortificare il suo
senso estetico, ma di viverlo con verecondia, vera umiltà e non con
ostentazione o anelito alla seduzione: 1 Ti 2:9 *Le donne si vestano
in modo decoroso, con pudore e modestia: non di trecce d'oro e di
perle o di vesti lussuose, ma di opere buone, come si addice a donne
che fanno professione di fede*, e 1 P 3:3-4 *Il vostro ornamento non
sia quello esteriore, che consiste nell'intrecciarsi i capelli, nel mettere
addosso oggetti d'oro e nell'indossare belle vesti, ma quello che è intimo
e nascosto nel cuore, la purezza incorruttibile di uno spirito dolce e
pacifico, che agli occhi di Dio è di gran valore.* I due apostoli, (come
dice J. MacArthur nel suo commento alla Scrittura), qui non
condannano gli ornamenti esteriori, piuttosto il loro monito è
rivolto alla costante e egocentrica preoccupazione per l'esteriorità
e alla mancanza di interesse per il proprio carattere morale. Ogni
donna credente è particolarmente chiamata a impegnarsi per
sviluppare, in comunione con lo Spirito Santo, un carattere integro
e rispettoso a somiglianza di Cristo.

In seno alla famiglia Dio ha creato la donna perché sia amata
dall'uomo, per questo lei ha bisogno di essere trovata bella sotto ogni
punto di vista dal coniuge e di vedersi costantemente confermata
da lui nella sua unicità (al primo posto dopo Dio) e in tutte le sue
qualità interiori, umane, intellettive, corteggiata a vita, come fa il

Signore con ognuno di noi. Egli mentre ci trasforma, ci fa conoscere il nostro vero valore in lui e non so se lo fa con voi, ma ogni giorno il Signore mi dice "Io ti amo", Dio mi conferma ogni giorno il suo amore. Così il marito è chiamato a fare con la moglie perché l'ama incondizionatamente della vita sovrabbondante che Dio gli ha messo nel cuore, (Gv 10:10....*abbiano.....la vita in abbondanza*). Anni fa conobbi una coppia di credenti che mi colpì per il profondo e innato senso della propria dignità femminile che emanava dalla moglie, la cui statura era nana, a differenza di quella del marito. In una particolare occasione questa donna raccontò come il coniuge quotidianamente le confermava verbalmente e in svariati modi l'unicità, esclusività e profondità del suo amore. Si capiva bene che ciò non avveniva per compensare un qualche difetto fisico, ma perché il marito era animato dall'amore sovrabbondante che Dio gli dava per la consorte (Gv 10:10). Ciò veniva comprovato dal fatto che loro avevano lasciato il paese d'origine per potersi sposare, perché appartenenti a ambienti politicamente divisi, separati da anni di guerra civile.

Per l'egocentrismo legato alla caduta ogni donna si reputa esteticamente imperfetta come se la propria bellezza fosse qualcosa che appartenga in primo luogo a lei, ma scoprire la gloria di Dio toglie questa sensazione perché la bellezza è data alla donna a gloria dell'Eterno e perché l'uomo glorifichi Dio onorandola, quindi è qualcosa a gloria dell'altro e non di se stessa.

Sempre per gli stessi motivi le ragazze adolescenti sono sognatrici, hanno nel cuore l'archetipo del principe azzurro perché fatte per essere amate in modo esclusivo da qualcuno, investite da un fiume d'amore eterno e totale da parte di un uomo per loro. Ciò avviene perché un tale anelito è connaturato in loro, poiché Dio le ha concepite per essere inondate da un simile fiume d'amore incondizionato ed esclusivo da parte di Dio attraverso l'uomo.

Consideriamo ora che Is 58:5-7, 10 (il vero digiuno) mostra chiaramente come tutto ciò che è in condizione di maggiore fragilità, più indifeso in questo mondo, o più delicato Dio lo vuol tutelare e mai dominare. Quindi anche il fatto che la donna è il vaso più delicato da onorare (1 P 3:7) è una componente della sua natura che dimostra come è stata fatta per essere oggetto d'un fiume d'amore da parte di Dio attraverso l'uomo.

La donna è il vaso più delicato, questo significa che è equipaggiata in un'ottica e con una sensibilità diversa da quella maschile, il che la rende abile anche a svolgere mansioni molto delicate come accudire bimbi che escono dal suo seno; tali aspetti della sua natura sono a immagine di Dio (poiché è scritto *Dio creò l'uomo a sua immagine ...li creò maschio e femmina...* Ge 1:27), infatti basta vedere i fiori o i colori, le armonie cromatiche che si riscontrano in tutto il creato per comprendere di quali delicatezze è capace Dio, e queste nella donna Lui le ha volute esprimere a sua immagine.

Con quanto detto ho voluto indicare in una qualche misura il ruolo spirituale e relazionale che Dio ha assegnato alla bellezza femminile da Lui concepita a sua gloria nel creato, la quale comprende, come abbiamo già considerato, non solo l'aspetto esteriore ma in primo luogo quello interiore, che è ben decritto in Pr 31.

Qui la donna appare virtuosa (10), misericordiosa (20), molto laboriosa, fattiva, produttiva mentre si prende cura della sua famiglia e anche lavora per darle entrate supplementari (13-16, 24), gioiosa (13), forte (17, 25), che non teme l'avvenire (25), ha dignità (25), è saggia e insegna bontà (26), ha la fiducia del marito (11) e lei gli fa solo del bene (12), e così sostenendolo egli è rispettato a causa sua (23), inoltre poiché teme il Signore viene lodata dai suoi familiari (28-30).

Facciamo ora una considerazione sulle abilità intellettive dell'essere umano prendendo spunto da studi pedagogici, vale a dire da una scienza che basa le sue analisi sull'osservazione del bambino naturale, non rigenerato spiritualmente, e valuta le sue potenzialità di sviluppo fondandole sull'impiego dei cinque sensi. In tale ambito del sapere si ritiene che per promuovere un sano decorso delle fasi evolutive del fanciullo questi debba essere opportunamente stimolato e che maggiore è il numero di sollecitazioni che riceve, più dati avrà da elaborare e il suo pensiero più chance per sviluppare l'intelligenza. Non si può negare che situazioni in cui i bambini vengono trascurati e abbandonati a se stessi, talora in orfanotrofi, danno luogo a grandi ritardi nell'apprendimento del linguaggio verbale.

Tutto ciò per dire, sempre a proposito della bellezza interiore dell'essere umano, che l'intelligenza femminile e quella maschile differiscono, perché attingono i dati che elaborano da due diverse tipologie di sensibilità e di percezione della realtà, cogliendo uno spettro di quest'ultima in qualche modo diversificato l'uno rispetto all'altro. Quindi si può dire che vi è una connessione tra l'intelligenza di ciascun genere e le modalità percettive della realtà che gli sono proprie. In altri termini se ci immaginiamo quest'ultima come un oggetto che possiamo tagliare per conoscerlo e guardarci dentro, notiamo che l'uomo e la donna lo sezionano in modi diversi, percependo così la realtà in maniera differenziata l'uno dall'altro. Tale differenza consente alla donna di offrire un'abilità nella vita che realmente le permette di essere un aiuto convenevole per l'uomo, il quale avendo un'altra forma di sensibilità a immagine di Dio ha un altro tipo di intelligenza volta a svolgere la funzione di guida amorevole per la consorte, e la loro diversità li rende proprio perché tali pari in valore l'uno per l'altro davanti a Dio.

Ora riprendiamo a considerare il concetto di fiume d'amore per correlarlo nuovamente a quello di autorità al fine di approfondirli entrambi. Abbiamo detto che il fiume d'amore scorre in seno alla famiglia procedendo dal trono di Dio attraverso il marito per investire poi la moglie. Ciò avviene perché Dio ha delegato la sua autorità sulla creazione ad Adamo vestendolo della sua gloria, infatti è scritto in 1 Co 11:7 *l'uomo...è......immagine e gloria di Dio*. È per questo che quando si verificò la caduta, la maledizione che colpì l'uomo fu inerente alla sua autorità sul creato, come leggiamo in Ge 3:17-19 *..il suolo sarà maledetto per causa tua...mangerai il pane con il sudore del tuo volto.* Vale a dire il lavoro divenne per lui faticoso e il suolo fu maledetto come se la natura gli fosse divenuta ostile mentre era Adamo che lo era divenuto a Dio (Ro 8:7 *..la carne è inimicizia contro Dio*). La donna invece l'Eterno l'ha vestita della sua gloria creandola dall'uomo, come è scritto in 1 Co 11:8 *l'uomo non viene dalla donna ma la donna dall'uomo, ciò perché fosse la gloria dell'uomo* (1 Co 11:7). Vale a dire l'autorità che la donna possiede sulla creazione, perché l'Eterno diede a entrambi il compito di dominarla (Ge 1:26-28 *Siate fecondi, moltiplicatevi, riempite la terra e rendetevela soggetta, dominate sui pesci del mare, sugli uccelli del cielo e sopra ogni animale che si muove sulla terra*) le è delegata da Dio attraverso l'uomo. È per questo che la gloria dell'uomo include l'amore incondizionato per la propria moglie, (il quale solo gli permette di ricevere la gloria che Dio gli vuole dare attraverso la consorte come suo aiuto convenevole), poiché questo è il modo stabilito dall'Eterno che permette alla donna di esercitare l'autorità che Dio le ha delegata sul creato. Ciò spiega come mai la maledizione che colpisce la donna è in gran parte relazionale (Ge 3:16).

Approfondiamo quanto ora stiamo dicendo notando che l'autorità è di Dio e solo da lui proviene (Ro 13:1 *...non vi è autorità se non da Dio*), per cui solo lui ce l'ha e la può delegare, cosa che ha fatto con l'uomo e la donna (Ge 3:17-19), però anche dopo che l'essere umano ha ricevuto l'autorità da Dio, questa non è sua indipendentemente dall'Eterno. Vale a dire l'autorità che gli è delegata rimane di Dio perché senza di lui l'uomo non può fare nulla (Gv 15:5), infatti solo il Signore ne è l'origine come lo è di ogni altra cosa. Quindi nella coppia Dio delega la sua autorità all'uomo e alla donna e a quest'ultima lo fa attraverso il primo, perché l'ha concepita come suo aiuto convenevole. Notiamo che non è l'uomo che di suo e a sua discrezione la delega alla moglie ma Dio. Ciò sia perché l'autorità non appartiene al marito indipendentemente dall'Eterno, sia perché il rapporto coniugale in verticale è a immagine del tipo di sottomissione del Figlio verso il Padre che abbiamo in precedenza studiato. Tale sottomissione in seno alla Trinità è in un certo modo anche inversa, ciò per il totale coinvolgimento del Figlio per volontà del Padre in ogni cosa che questi fa, cioè è fondata sull'amore paritario. Vale a dire pur passando l'autorità della donna sul creato attraverso il coniuge **non è a discrezione di questi nei piani di Dio**, ed è stata da Dio voluta e ideata per essere vissuta esclusivamente nella Sua volontà per la coppia.

Infatti notiamo che Dio ha delegato la sua autorità sulla creazione ad Adamo ed Eva, ad entrambi, poiché in Ge 1:28 è scritto *dominate*, quindi alla donna l'ha delegata personalmente attraverso l'uomo. Ciò conferma che all'origine Dio non ha previsto un'autorità dell'uomo sulla donna che sia a discrezione di quest'ultimo, in tal senso "sua" indipendentemente dall'esecuzione della volontà di Dio per la donna da parte dell'uomo, quale invece è l'autorità, se così si può chiamare, del dominio di quest'ultimo sulla donna secondo il modello satanico.

Tutto ciò è dimostrato e confermato dal fatto che i ruoli in seno al matrimonio non sono discrezionali, non possiamo scegliere o meno per volontà di Dio di esserli e viverli, possiamo bensì scegliere di disubbidire e mentire all'Eterno conformemente al ruolo, ma quest'ultimo rimane non discrezionale perché fare una simile scelta è peccare. Per cui l'uomo agli occhi di Dio nel suo piano originario non ha sulla donna una "sua" autorità, vale a dire non ne ha una che è macchiata dal dominio, ma solo quella che Dio gli ha assegnata per amarla dell'amore Trinitario, per la quale lei è libera di svolgere la sua funzione di governo femminile del mondo in Cristo quale donna. Ed è coltivando la consapevolezza di questa sua posizione nel creato che una moglie può nel Signore vivere la sua posizione d'aiuto convenevole dell'uomo conscia che qualunque sia la sua realtà contingente, Dio nutre per lei amore eterno che vuole darle oltre che direttamente, anche in seno alla famiglia facendolo fluire come un fiume dal suo trono attraverso il coniuge, poiché l'ha concepita perché viva la libertà nella verità dell'autorità di Cristo. Vale a dire Dio crede alla sua esistenza libera dal dominio e lei può camminare ferma nel suo ruolo in questa prospettiva riconoscendo al marito la funzione di capo e non di dominatore perchè Dio questa non gliel'ha assegnata. Tra breve quando tratteremo il concetto d'aiuto convenevole amplieremo quanto appena detto.

Queste spiegazioni sul valore dell'autorità e sulla sua consistenza, ci servono per meglio intendere il modo, che stiamo ora illustrando, con cui Dio ha strutturato la creazione dell'umanità, vale a dire il fiume d'amore che procede dal trono di Dio e investe prima l'uomo, al fine poi di inondare la donna e quindi la prole.

Per evidenziare come è stretta la connessione in seno al fiume di amore delle tre componenti della famiglia consideriamo anche che Dio si è valso del corpo dell'uomo, utilizzandone una parte, per formare la donna (Ge 3:21-22 *Dio...prese una delle costole di lui...con la costola...formò una donna*; 1 Co 11:8 *l'uomo non viene dalla donna, ma la donna dall'uomo*). Così facendo ha impiegato in un certo senso lo stesso principio che usa per creare i figli adoperando i corpi dei genitori, per cui come la prole è già inclusa nell'esistenza di questi ultimi in modo analogo Eva era contenuta in Adamo. Tutto ciò è sinonimo d'unità, cioè di essere compresi nell'esistenza dell'altro prima ancora di venire formati da Dio, ciò in un modo che ricorda le matrioske. Questa unità è quella familiare, così intimamente fusa nella carne, perché concepita anche in tali termini a immagine dell'unità della Trinità.

ALCUNE CONSEGUENZE DELL'INTERRUZIONE DEL FIUME D'AMORE PER LA DONNA

Riprendiamo ora a considerare quelle che sono le conseguenze del peccato originale e in particolare cosa l'interruzione del fiume d'amore determina nella vita della donna.

Il denominatore comune di ogni peccato è l'orgoglio, vale a dire l'esaltazione del proprio io da cui consegue l'egocentrismo, infatti in Ez 28:17, che descrive la caduta di Lucifero, viene detto *...il tuo cuore si è inorgoglito...*, e in Gv 8:44, il *diavolo...è...padre della menzogna*, vale a dire è colui che ispira ogni peccato. Quindi è a causa dell'orgoglio che con la caduta il fiume d'amore che Dio ha pianificato scorra nell'ordine della creazione in seno alla famiglia dall'uomo verso la donna e quindi la prole, non arriva più secondo natura. Da allora i desideri della donna (Ge 3:16) convergono verso il coniuge, questo canale dell'amore di Dio a lei diretto, ma ora inefficiente e come ostruito, quasi dicesse: "ma come è che dal mio consorte non fuoriesce più amore eterno, come mai non mi giunge dal canale da cui dovrebbe provenire e in cui mi dovrei riposare quale moglie e madre?"

Quindi il fiume d'amore eterno destinato da Dio alla donna attraverso l'uomo in seno alla famiglia viene dopo il peccato originale per l'egocentrismo maschile a mancare, amore che anche se per assurdo fosse continuato a esistere nella gloria di Dio, la donna a sua volta per il proprio egocentrismo, non avrebbe avuto la capacità di ricevere nella verità (Gv 14:17 *lo Spirito della verità che il mondo non può ricevere perché non lo vede e non lo conosce*), vale a dire in modo altrettanto incondizionato. Consideriamo che per amare in Cristo noi seguiamo la verità nell'amore come scritto in Ef 4:15.

Quindi per come Dio ha concepito la creazione la fonte dell'amore per la coppia rimane logicamente Dio, e l'uomo resta il canale che dovrebbe essere disposto a ricevere la Lui questo mare d'amore da dare alla donna, perché amare la moglie come Gesù ha amato la chiesa è un mare di amore (Ef 5:28). Siccome è contro natura per la donna che dal coniuge non proceda l'amore eterno che per istinto si aspetta, perché nei suoi confronti l'uomo non dovrebbe conoscere alcuna forma di egocentrismo, guardando al compagno questo diventa per lei fonte anziché canale, poiché per natura è da lì che si aspetta di ricevere amore e perché lei stessa è separata spiritualmente da Dio e non ha discernimento.

Così i suoi desideri convergono verso l'uomo (Ge 3:16)), un convergere che è legato abbiamo detto al percepire il canale come otturato e a farlo con perplessità perchè è contro natura che lo sia poiché non è stato così da Dio pianificato. In Cristo questo flusso dell'amore del Signore nella coppia riprende a scorrere vivendo entrambi il loro ruolo nel timore di Dio. L'uomo da gentleman serve la moglie con amore incondizionato a immagine dell'amore di Cristo per la chiesa, e la moglie stando nella verità (concetto che tra breve esamineremo) serve il marito confermandolo nella sua posizione d'autorità in seno alla famiglia, vale a dire nella certezza di non venire prevaricato.

L'IMPORTANZA DEL FIUME D'AMORE PER LA PROLE

Il fiume d'amore con cui Dio invade l'uomo e lo chiama ad amare la moglie come Gesù ha amato la chiesa morendo per lei, vale a dire a onorarla a costo della propria vita quale vaso più delicato (1 P 3:7), un simile fiume investe la donna per invadere poi anche il frutto che da lei fuoriesce. Chi non ama la moglie non ama i figli poiché interrompe il flusso di questo fiume d'amore così articolato che procede dal trono di Dio per la famiglia ove l'uomo è canale prioritario delle benedizioni di Dio per la stessa (Ge 3:7). Non si possono amare i figli senza amare il coniuge, questo vale anche per la moglie, poiché i rapporti in seno alla famiglia sono a immagine della Trinità e non è pensabile che una delle tre Persone ami l'altra escludendo la terza.

Un figlio cresce equilibrato quando da bambino, vede i genitori uniti nell'amore e così vive una sana dipendenza da loro e matura grazie a questa visione d'unità coniugale, sviluppandosi interiormente progressivamente per giungere infine in età adulta a una sana indipendenza dalla famiglia di origine. Vale a dire matura bene, quando vede che i suoi genitori si amano. Questo è ovvio, ma è molto importante perché è così che i figli vengono a loro volta investiti dal fiume di amore che appunto unisce i coniugi e proviene da Dio, e acquisiscono la consapevolezza di poter credere alla vita, perché la vita è Cristo. Crescono in tal modo verso un sano sviluppo e autonomia della propria personalità, perché hanno avuto il modello dell'unità della coppia. Tutte le potenzialità del bambino, sulla base del fatto che vede l'amore applicato, vissuto, nella coppia dei suoi genitori a immagine dell'amore Trinitario, ne vengono investite, egli crede all'amore e con tale fede le sue capacità e qualità emergono e si esprimono. Poiché ha fede nell'amore non temerà di esercitare i suoi doni naturali, insiti nella personalità che Dio gli ha data come essere umano naturale (Ga 5:6 ..*la fede che opera per mezzo dell'amore*).

Solo amandosi profondamente in Cristo i genitori amano veramente i figli, poiché gli forniscono il modello di vita fondato sull'amore a immagine della Trinità che darà stabilità al figlio, in quanto gli da fede nell'amore di Dio per lui, una fede direi naturale, primordiale. Ciò avviene perché in tal modo i genitori includono e rendono partecipe delle benedizioni insite nella loro comunione in seno alla Trinità (1 Gv 1:3 ...*la nostra comunione è con il Padre e con il Figlio*...; 1 Co 13:13 ..*la comunione dello Spirito Santo*) il figlio che viene in loro santificato (1 Co 7:14 ...*i vostri figli sarebbero impuri mentre ora sono santi*).

Poiché la logica di Dio, come detto inizialmente, non è soggetta alla forza di gravità della caduta e perciò della morte, ma solo alla vita che è Gesù, l'autore di ogni cosa, la struttura della creazione ha la sua logica da parte di Dio solo sul fondamento dell'amore.

Quando ho capito, almeno in parte, come Dio ha inteso la coppia l'ho ammirato. Vedere come lui ha pianificato la creazione è veramente come vedere un bellissimo quadro in cui ogni elemento è concepito in funzione di una perfetta armonia essendo stato ideato con purezza d'intenti.

ALCUNE CONSEGUENZE PER L'UOMO DELL'INTERRUZIONE DEL FIUME D'AMORE E RELATIVE MODIFICHE DEL BISOGNO MASCHILE DELLA DONNA

Per mettere meglio a fuoco alcuni effetti dell'interruzione del fiume d'amore nella vita dell'uomo ricordiamo in primo luogo i seguenti concetti in precedenza esposti. Il Signore è in mezzo a noi come uno che serve (Lu 22:27), eppure è il capo (Cl 1:18), infatti Egli ci innalza (Ef 2:7; Ro 8:34) e giustifica (Ro 5:1) costantemente. Analogamente il marito nel suo posto di autorità serve la moglie guidandola come Gesù fa con la chiesa. Come noi siamo chiamati ad accettare la sua grazia e a camminare solo in essa, perché al di fuori di questa non possiamo fare nulla e la grazia è il modo con cui Gesù ci serve, così la donna è chiamata a riposarsi nel marito ricevendo da lui questo mare d'amore e onore (1 P 3:7; Ef 5:25) di Cristo, cioè ad essere disposta, e in tal senso sottomessa, a questo dono di grazia d'amore infinito che Dio vuole farle attraverso il marito e a non cercare di prevaricarlo in tale ruolo, come noi siamo chiamati a non prevaricare Cristo nel suo ruolo di capo della chiesa, poiché solo da lui possiamo ricevere amore e vita (Gv 14:6 *Io sono …la vita*).

In altri termini avevamo detto che essendo Gesù in mezzo a noi come uno che serve, fa ciò mentre ci guida insegnandoci a camminare riposandoci in lui, come è scritto in Mt 11:28 *…io vi darò riposo, poiché il mio carico è leggero*; e in Eb 4:9-10 *…un riposo sabbatico per il popolo di Dio, ..chi entra nel suo riposo si riposa anche lui dalle opere proprie come Dio si riposò dalle sue*. Analogamente avevamo visto che la sottomissione della donna è un'accettazione del fiume di amore che il marito, guidando la famiglia, è da parte di Dio chiamato a darle servendola, come guidando la chiesa fa Gesù, in modo che la moglie possa riposarsi nel marito come la chiesa fa spiritualmente in Cristo.

Avevamo anche considerato che i membri della Trinità si servono tutti e tre reciprocamente, e ora constatiamo che in base a quanto scritto in Ef 4:15 *"seguendo la verità nell'amore cresciamo in ogni cosa verso colui che è il capo, cioè Cristo"*, l'amore in Cristo esiste solo nella verità, per cui **amarsi nella verità** implica sempre un servirsi reciproco, perché stai dando all'altro non in funzione del tuo egoismo ed egocentrismo, e così **lo stai servendo e in tal modo innalzando, riconoscendogli il suo posto nella verità, cioè in Cristo, secondo come Dio lo ha concepito nel suo ruolo**, ed è così che l'uomo e la donna sono chiamati a rapportarsi in seno alla coppia.

Da quanto sopra ricordato a proposito di come il marito è chiamato da Dio nel suo piano originario a amare la moglie (Ef 5:25), si può capite come mai l'uomo brama la donna in modo così intenso, viscerale. Nei fatti di cronaca non si sente mai parlare di una donna che violenta o stupra un uomo, il che significa che in quest'ultimo c'è una radice molto profonda di brama, di bisogno della donna, ciò si spiega col fatto che è destinato ad amarla con tutto se stesso dell'amore di Dio secondo come il Signore lo ha concepito e creato all'origine. Questo consente di comprendere come una qualunque forma di violenza, stupro o semplicemente vivere questo ardore e bisogno in primo luogo in funzione di se stesso, cioè egocentricamente, non appagherà mai questo suo bisogno nel profondo, ogni tentativo egocentrico lo lascerà nello spirito insoddisfatto anche se non nella carne, perché per essere appagato ha bisogno di amarla con tutto se stesso, cioè incondizionatamente, non egocentricamente, vale a dire come Gesù ha amato e ama la chiesa (Ef 5:25), perché è così che Dio all'origine l'ha progettato. E un aiuto convenevole come concepito da Dio deve aiutarlo a imboccare questa strada nel suo rapporto con lei. Il che non significa che la moglie possa diventarne l'idolo, perché anche questa sarebbe una pratica egocentrica, ma dopo Dio con l'amore che Lui gli da per lei deve amarla con tutto se stesso, come fa Gesù con la chiesa, altrimenti è insoddisfatto con la sua donna o falsamente soddisfatto. Infatti se una donna è stata creata a gloria dell'uomo, significa che è stata creata per essere amata dal marito con l'amore di Dio (Ef 5:25 *Mariti amate le mogli come anche Cristo ha amato la chiesa*), perchè è la ricezione di tale amore che le consente all'atto pratico, o meglio facilita, di svolgere pienamente la funzione di aiuto convenevole, come poi meglio vedremo.

Per meglio comprendere come il bisogno che l'uomo ha della donna si configura dopo la caduta notiamo che gli esseri umani con il peccato originale sono spiritualmente morti e da allora il nostro corpo divenendo anch'esso mortale ha predominato nettamente sul nostro spirito, lo si nota ad esempio col fatto che il fisico determina la durata della vita sulla terra poiché torna ad essere polvere (Ge 3:19), e noi rimaniamo al mondo finché il corpo resiste (Sl 90:10). Per questo predominio dell'esistenza corporea su quella spirituale, l'uomo spesso anziché nutrire il bisogno di amare la donna, avverte solo quello di averla fisicamente. Il bisogno spirituale di amarla con un amore eterno è degradato all'esclusivo desiderio di averla come oggetto di possesso. L'egocentrismo al posto della vita spirituale eterna nella comunione con Dio ha snaturato la componente fisica dell'amore coniugale, proiettando le esperienze sessuali al di fuori del matrimonio o non riconoscendone in seno allo stesso l'importanza a livello comunicativo, cosa che poi approfondiremo.

Il modo qui descritto in cui il bisogno proprio dell'uomo verso la donna risulta modificato, è comunque il frutto di una deformazione del piano originario di Dio, introdotta dall'interruzione del fiume di amore che procede dal Suo trono verso l'uomo. Infatti la gloria della Trinità che da tale trono discende, è l'esatto inverso di quelle deformazioni, non cerca mai se stessa come leggiamo in Gv 8:54 ..*se io glorifico me stesso la mia gloria è nulla; chi mi glorifica è il Padre mio.* Quanto scritto in questo versetto vale analogamente per noi creati a immagine di Dio, l'uomo che riceve la donna come dono a sua gloria (Pr 18:22 *Chi ha trovato moglie ha trovato un bene e ha ottenuto un favore dal Signore*), non la riceve perché possa cercare se stesso (vale a dire in funzione del suo egoismo ed egocentrismo), ma per la gloria di Dio, cioè per amarla ricevendo tutta la partecipata gioia che Dio vuole dargli attraverso di lei.

In Nu 30:3-8 vediamo riportata una norma della legge Mosaica relativa ai voti fatti a Dio dalla donna. Vi è scritto che se quest'ultima fa un voto e l'uomo in posizione di autorità in seno alla famiglia viene a saperlo ed è contrario, vale a dire il padre se la ragazza non è sposata (v.5) o il marito (v.8), se invece lo è, allora Dio interviene e condona il voto. Qui si sta parlando di regole pensate dal Signore per un'umanità caduta, non quindi del suo piano originario. L'applicazione di tale regola a mio giudizio poteva comportare a seconda delle circostanze o l'esercizio di una sana autorità da parte dell'uomo per proteggere la donna da voti fatti con leggerezza (v.6), o il dominio di quest'ultimo in caso che le sue scelte in tale ambito venissero prese in funzione della propria volontà, indipendentemente da quella di Dio per la donna. In ogni caso Dio si tira indietro rispetto all'autorità dell'uomo sulla donna, non perché lui, Dio, abbia ideato e affidato a questi un'autorità "sua" sulla donna, cioè che prescinda dall'Eterno e dalla sua volontà per lei, ma perché il peccato originale ha dato luogo a questa situazione e Dio rispetta l'ordine che ha creato. Questo però non significa un suo assenso all'esercizio del dominio in seno alla coppia, perché non ha mai concepito la loro relazione in questi termini, poiché Lui non può benedire l'egocentrismo. Dio si tira indietro dispiaciuto perché non vuole il dominio in nessuna forma tra gli esseri umani, neppure dell'uomo sulla donna, poiché nessun umano è chiamato a dominarne un altro, poiché li ha fatti a sua immagine e Lui è amore (1 Gv 4:8).

Il genere umano, infatti, non ha il senso del proprio valore se lo vive in funzione di quanto domina le persone attorno a sé, perché la vera consapevolezza di quanto vale gli viene dalla personale comunione con Dio, la verità (Gv 14:6; Gv 8:32 *conoscerete la verità e la verità vi farà liberi*) e perciò dal servire l'altro nel suo nome, in altri termini dal contrario del dominio: la sottomissione a Dio e il servizio in Lui del prossimo. Vediamo inoltre che la Parola descrive chiaramente in Fi 2:3 lo spirito con cui si è chiamati a servire gli altri: *Non fate nulla per rivalità o vanagloria, ma con umiltà, ciascuno di voi stimando gli altri più di se stesso. Non cerchi ciascuno il proprio interesse ma quello degli altri.*

Consideriamo ora in particolare il dominio del marito verso la moglie e notiamo che di fatto consiste nella ricerca di una falsa sicurezza, come poi meglio specificheremo, che subentra perché l'uomo non ha più connaturata in sé la consapevolezza che la donna non lo prevaricherà, come l'aveva invece prima del peccato originale, che sappiamo ha deformato le relazioni in seno alla coppia. Infatti, quando fu tentata Eva prevaricò il ruolo di Adamo perché scelse di trasgredire quanto Dio aveva richiesto a entrambi, l'ordine che le era stato trasmesso attraverso suo marito, poiché quando Dio comandò Adamo in tal senso, lei non era ancora stata formata e tratta da lui, era ancora in lui (Ge 2:18), quindi presumibilmente le fu riferito da suo marito, il capo della coppia, che lei avrebbe dovuto sostenere in tale forma di obbedienza a Dio, non dissuadere. Così vediamo che essendo il dominio maschile sulla donna un'egocentrica ricerca di sicurezza, è in realtà una forma di debolezza spirituale, poiché l'egocentrismo in quanto peccato non produce mai forza nello spirito.

All'estremo opposto dell'esercizio del suo dominio l'uomo può venire a sua volta dominato, vale a dire manipolato dalla donna in svariati modi più o meno consapevoli di cui ora ci limitiamo a considerarne uno. L'uomo si può sentire in colpa verso la moglie perché, come abbiamo già notato parlando del fiume d'amore, questa carnalmente e soprattutto da persona non rigenerata in Cristo, tende a confondere il marito nella sua qualità di canale dell'amore di Dio per lei in seno alla famiglia, con la fonte di tale amore, che è sempre e solo Dio stesso, ciò perchè i desideri della donna convergono verso il coniuge in base alla maledizione seguita al peccato originale (Ge 3:16). In tal modo la moglie può far sentire obbligato il coniuge ad amarla in modo assoluto con le proprie forze, al posto di Dio, cosa che l'uomo non è tenuto a fare, ne è in grado di fare, poiché lui è chiamato ad amarla dell'amore di Dio (Ef 5:25), ma non al posto di Dio, solo Dio può colmare il vuoto profondo del cuore della moglie con la rinascita spirituale, non lui, lui non è chiamato a sostituire la presenza di Dio nella vita della consorte, ma ad amarla in Cristo morendo alla propria carnalità come Gesù è morto per la chiesa (Ef 5:25), il che è un'altra cosa. E l'uomo è chiamato a non cadere in questa trappola che è una forma di manipolazione e in quanto tale non è ispirata da Dio. Il suo amore autentico in Dio per la moglie, non contraffatto perchè non frutto di manipolazione da parte della stessa, potrà aiutare la consorte a prendere atto delle proprie responsabilità davanti a Dio e del bisogno che ha di conoscerLo.

Torniamo a considerare la dimensione fisica del bisogno che l'uomo ha della donna. Tale bisogno, abbiamo visto, all'origine non è stato da Dio pensato scorporato da quello spirituale di investirla del fiume di amore incondizionato che procede dal trono dell'Eterno, che il Signore gli dona per lei e che attraverso di lui le giunge come benedizione, per poi venir ridonato a lui, uomo, in forma di aiuto convenevole in una danza d'amore di coppia esente da egocentrismo che include anche la prole ed è a immagine della Trinità. Quindi la dimensione fisica del bisogno che l'uomo ha della donna è stato da Dio concepito come un impulso molto profondo, che investiva tutto il suo essere uomo e la cui origine era spirituale. Ciò già si intuisce in Ge 2:23, quando Adamo vide Eva per la prima volta e disse: *"Questa, finalmente, è ossa delle mie ossa e carne della mia carne..."*, cioè già allora si riconosceva fisicamente nella moglie pur essendo diverso da lei e la sentiva sua, tanto è vero che il versetto successivo (Ge 2:24) parla della loro unione fisica: *Perciò l'uomo lascerà suo padre e sua madre e si unirà a sua moglie e saranno una sola carne.* Quindi ribadiamo che nei piani di Dio all'origine la dimensione fisica dell'amore coniugale è stata concepita perfettamente in linea con quella spirituale, cioè santa, in Dio, col solo desiderio di vedere l'amore di Dio anche in tal senso fluire nella coppia, generando vita nel consentire al Signore di crearla attraverso la moltiplicazione (Ge 1:28 *Dio li benedisse; e Dio disse loro: "Siate fecondi e moltiplicatevi..."*). E vediamo che è sempre in base a quanto stiamo dicendo che Gesù poté affermare in Mt 5:28 *...chiunque guarda una donna per desiderarla, ha già commesso adulterio con lei nel suo cuore.* Infatti egli basa tale asserzione sulla consapevolezza, che gli era totalmente propria in quanto santo, che la dimensione fisica dell'amore coniugale è stata da Dio concepita perfettamente in linea con quella spirituale. Gesù in tutto e quindi anche nelle sue qualità maschili, era conforme al piano originario di Dio, poiché come abbiamo appena detto era santo e perciò in grado di astenersi da ogni peccato, quello di Mt 5:28 incluso, lui come uomo ha ammirato la bellezza femminile ma non ha mai peccato.

Sempre a proposito della dimensione fisica dell'amore coniugale consideriamo di nuovo il fatto che col peccato originale lo spirito umano non avendo più comunione con Dio è morto (Ro 6:23 *il salario del peccato è la morte*) e così ha perso autorità sul proprio corpo divenuto anch'esso soggetto alla morte. Vale a dire ogni persona nella sua totalità è passata sotto il dominio del maligno (1 Gv 5:19 *tutto il mondo giace nel maligno*), il diavolo che esercita il suo potere sugli esseri umani utilizzando i demoni. Quindi quest'ultimi hanno in un qualche modo coabitato con lo spirito e l'anima dell'uomo il corpo umano non più santo. Tale realtà è dimostrata dalle numerose liberazioni da demoni presenti nel nuovo testamento (Lu 4:35, 41; Mr 7:29), dal fatto che Gesù disse che uno dei segni che avrebbero seguito il credente sarebbe stato che avrebbero scacciato i demoni nel suo nome (Mr 16:17), e da quanto il Signore afferma in Mt 12:43-45, ove descrive come uno *...spirito immondo...uscito... da un uomo* non trovando riposo cerca di rientrare nel corpo che ha lasciato e che definisce la sua casa. Infatti quando Gesù liberò i due indemoniati gadareni da una legione di spiriti immondi questi gli chiesero di poter entrare in un branco di porci (Mt 8:31), poiché tali spiriti hanno bisogno di esseri corporei da far soffrire abitandoli altrimenti non hanno riposo. Tutto questo per dire che i demoni influenzano e cogestiscono la vita di tutti gli esseri umani (1 Gv 5:19), non solo dei veri e propri posseduti, nei quali l'esercizio della volontà umana è estremamente compromesso.

Ciò comporta che a conseguenza del peccato originale l'essere umano si è trovato a amministrate il proprio istinto sessuale scorporato dal fiume d'amore ora interrotto che all'origine procedeva dal trono di Dio, cogestendolo con il nemico. Una situazione questa, sia per l'uomo che per la donna non facile anzi, anche se inconsapevolmente, difficile, ciò a causa del fatto di dover amministrare un tale forte bisogno, che all'origine è un dono santo, senza conoscerne più il senso, il suo significato originario a immagine della Trinità, che però agli occhi di Dio rimane sempre inalterato. Occorre osservare che nell'uomo per la posizione chiave in autorità che ha per l'accesso delle benedizioni in seno alla famiglia, che abbiamo in precedenza descritto valendoci di Ge 3:7, tale bisogno ad amare generando vita è particolarmente intenso e vivo. Infatti Dio gli ha dato all'origine un amore santo molto profondo per la donna assegnandogli il posto di suo capo, e ora non sapendo più cosa sia la santità di quel desiderio, avendo perso la comunione con Dio con l'interruzione del fiume di amore, questo si è tradotto per lui in un forte istinto fisico, da cogestire con Satana, sotto la cui autorità si trova, ove il corpo tende a dominare sulla componente spirituale del bisogno che comunque non si conosce nella sua santità, essendo appunto lo spirito umano morto.

Ciò mi fa comprendere come mai alcuni padri del popolo d'Israele praticarono la poligamia, ad esempio Giacobbe e il re Davide. Mi ha sempre sorpresa che quest'ultimo dopo essersi prese altre sei mogli (Abigail, Ahinoam, Maaca, Agghit, Abital, Egla 1 S 27:3; 2 S

3:2-5), rivolle la prima con sé (Mikal 2 S 3:13), e poi commettendo adulterio e omicidio (2 S 11), ne prese una settima Bath Sceba, ciò mentre la legge ebraica puniva l'adulterio con la morte di entrambi i responsabili dell'atto (De 22:22). Sorprende la poligamia poiché Dio non la istituì in quanto ad Adamo diede una sola Eva come leggiamo in Ge 2:22 *formò* **una** *donna e la condusse all'uomo* (Ml 2:14-15 *.....nessuno agisca slealmente verso* **la** *moglie della sua giovinezza*). Dio, nella sua infinita grazia e santità, permise la poligamia ma non la istituì o approvò, fece ciò per l'imprescindibile cogestione con Satana seguita al peccato originale di un tale istinto che lui ha dato all'uomo, all'origine meravigliosamente santo perché espressione del suo nome e del suo amore a immagine della Trinità, ma proprio perché tale così intenso che una volta snaturato per il dominio di Satana l'uomo non sa più gestire non conoscendolo pienamente nella santità. Comunque Dio non deresponsabilizzò Davide, ma lo confrontò con le conseguenze del suo peccato (2 S 12), con cui questi aveva dimostrato di non aver colto cosa Dio ha inteso creando la coppia. Poiché nella sua vita aveva aperto le porte allo spirito di impurità (2 S 11:4), ciò aveva dato autorità a quello spirito sulla sua famiglia, e infatti uno dei sui suoi figli violentò la sorellastra (Amnon violentò Tamar 2 S 13), un altro, Salomone praticò una poligamia quasi illimitata che lo portò alla rovina (1 R 11:1-13). Il fatto che Dio punisce l'iniquità dei padri sui figli fino alla terza e quarta generazione di quelli che lo odiano e usa bontà fino alla millesima generazione verso quelli che lo amano e osservano i suoi comandamenti, è comprensibile perché le famiglie ai suoi occhi sono delle unità concepite a immagine della Trinità (Es 20:5) e quando vengono dissacrate dal peccato, lo sono nel loro insieme unitario, pur rimanendo inalterato il libero arbitrio di ciascun essere umano.

Sempre in questo contesto è bene evidenziare il perché del simbolo della circoncisione. Dio ha una considerazione particolare per l'organo genitale maschile, lo vediamo in De 25:11, ove è scritto che se due uomini litigano e una delle mogli difende il marito afferrando i genitali dell'altro, la mano le deve essere mozzata, unico caso nella Bibbia in cui è presente la mutilazione. Inoltre in Ge 24:2 leggiamo che quando Abramo fece giurare il suo servo Eliezer di andare al suo paese di origine a prendere una moglie per suo figlio Isacco, gli fece mettere una mano sotto la sua coscia secondo l'usanza di allora, tempi in cui il senso del pudore era diverso dal nostro, per cui il servo toccando i genitali del padrone contraeva un solenne giuramento non solo con Abramo, ma anche con la sua discendenza, che avrebbe vendicato l'infedeltà del servitore se questo non avesse mantenuto il giuramento. Tutto ciò rimanda al fatto che tale organo è simbolo della sacralità della vita, perché Dio l'ha creato perché trasmetta seme di vita generandola nel suo nome nella sacralità del rapporto sessuale a immagine della Trinità in seno alla famiglia (Ef 3:15). Poiché ha un tale valore santo nel piano originario di Dio, il Signore ha istituito la circoncisione agendo proprio su questo significato per simboleggiare una vita consacrata a lui. Infatti l'organo è sinonimo della sua volontà di trasmettere vita stando nella verità, cioè a sua immagine, essendo stata la coppia creata a somiglianza della Trinità. Per questo la circoncisione è il giusto simbolo per visualizzare la vita consacrata a Dio nel naturale, prefigurando (Eb 10:1 *la legge...possiede solo un'ombra dei beni futuri*) in tal modo quella del cuore (Ro 2:29), vale a dire anche qui la vita a Dio consacrata, ma ora santa per il sangue di Cristo (Cl 2:11-12).

L' AUTORITA' E LA SOTTOMISSIONE

In 1 Co 11:10 è scritto: *La donna deve a causa degli angeli avere sul capo un segno di autorità*. Nella cultura di quel periodo storico in quell'area geografica il velo era parte dell'abbigliamento quotidiano femminile e per non essere indecenti occorreva indossarlo, oggi nella tradizione occidentale non è più così. Notiamo che nel versetto citato viene chiesto alla donna di usare questo segno perché deve mostrare sottomissione per non offendere gli angeli, santissime creature che al contrario degli angeli caduti sono per natura sottomesse a Dio e vegliano sulla chiesa. Ma l'essenza del significato del discorso di Paolo che indica il velo come simbolo di autorità, cioè dell'amore incondizionato di Dio che attraverso il marito investe, protegge e inonda la moglie, è per la donna quello di mantenersi nella posizione di ricevere e lasciarsi avvolgere dall'amore di Dio attraverso il marito, da principessa, portata dal coniuge sul palmo della mano, come Gesù fa con la chiesa (In Is 49:16 è scritto: *ti ho scolpita sulle palme delle mie mani*, parole con cui il Signore si rivolge a Israele, ma che sono anche figura del suo amore per la chiesa).

Nella misura in cui ciò non avviene, e tale condizione d'amore incondizionato per la consorte non viene vissuta, si perde, operando in questo modo, la parte migliore **del rapporto con lei, la componente spirituale**.

L'uomo e la donna sono fatti entrambi a immagine di Dio, vale a dire di Chi è incomparabilmente più alto di loro, per cui quando il marito si aspetta sottomissione dalla moglie deve sapere che se l'aspetta da un essere a immagine (come lui) di chi è incomparabilmente più alto di lui, infatti in 1 P 3:7 è scritto *....onoratele perché sono eredi con voi della grazia della vita, affinché le vostre preghiere non vengano impedite.*

La sottomissione della donna al marito (e più in generale dell'essere umano a una qualunque autorità preposta) è in realtà una proclamazione di fede. Vale a dire la moglie sottomettendosi al coniuge è come se dicesse: "Io credo che tu mi ami con un fiume d'amore al punto da morire per me come Cristo è morto per la chiesa". La sottomissione della donna è questa dichiarazione di fede, che rinnova al marito la fiducia che Dio è all'opera per renderlo conforme all'immagine secondo cui Lui lo ha concepito, e anche per questo una simile proclamazione è in grado di convincere un marito non credente della verità di Cristo (1 P 3:1-2 *mogli siate sottomesse ai vostri mariti perché se anche ve ne sono che non ubbidiscono alla*

Parola, siano guadagnati, senza parola dalla condotta delle loro mogli, quando avranno considerato la vostra condotta casta e rispettosa).

Abbiamo già detto in precedenza che il dominio è sinonimo d'insicurezza e debolezza spirituale, subentrata quando dopo il peccato originale la ricezione del fiume di amore dal trono di Dio per la famiglia è venuto a mancare perché i rapporti dei coniugi con il Signore e di conseguenza tra loro sono stati compromessi. Abbiamo anche considerato che l'uomo non avendo più connaturata in sé la certezza che la donna non lo avrebbe prevaricato, ma temendo che l'amore di Dio non sarebbe fluito attraverso di lei verso di lui e che lei quindi non lo avrebbe rispettato nel suo ruolo, poiché priva della gloria di Dio al pari suo (Ro 3:23), ha cercato di proteggersi e di rassicurarsi in modo preventivo dominandola. Ricordiamo tutto ciò per dire che è anche per questo motivo che il marito non credente si può convertire vedendo nel rispetto di una moglie sottomessa cadere le ragioni della sua paura e perciò del suo dominio.

Notiamo che in Ef 5:33 è scritto *....ciascuno...ami la propria moglie come se stesso; e similmente la moglie rispetti il marito*, vale a dire alla moglie si chiede rispetto per il coniuge perchè in primo luogo è il marito chiamato ad amarla, condizione perché lei veda accolto da lui l'aiuto (amore) convenevole che Dio gli vuole offrire attraverso di lei.

Meno l'uomo ama d'amore divino, cioè scevro di egocentrismo la propria moglie, più è arduo per una donna mantenersi in quella posizione di proclamazione di fede che abbiamo sopra descritta. È sempre possibile per lei farlo per la dimensione di vita risorta che Dio le ha messo nel cuore, ma umanamente parlando è più arduo, perché è contro l'ordine della creazione naturale, poiché nella coppia **la sottomissione esiste per essere inondati d'amore a immagine della Trinità**, dell'amore dell'autorità divina attraverso l'autorità umana. Infatti notiamo che in 1 Co 11:3 è scritto *...il capo di ogni uomo è Cristo, il capo della donna è l'uomo e il capo di Cristo è Dio*. Vale a dire l'autorità e la sottomissione sono veicolo già in seno alla Trinità di condivisione da Dio a Cristo a lui sottoposto d'amore divino Trinitario paritario, per poi continuare la trasmissione e condivisione di questo nel piano originario di Dio da Cristo all'uomo di cui è il capo e quindi dal marito alla moglie a questo sottoposta e successivamente dall'autorità dei coniugi attraverso la sottomissione dei figli a quest'ultimi (Ef 6:1 *Figli ubbidite ai vostri genitori*). Quindi Dio all'origine ha concepito la creazione dell'umanità perché l'autorità e la sottomissione siano canali dell'amore divino in seno alla coppia, vale a dire alla famiglia, al fine di creare una danza d'amore trinitario paritario a immagine di quello presente in seno alla Trinità e vissuto venendo inclusi in qest'ultimo. Infatti tale danza d'amore è presente nella vita dell'essere umano solo se rivestito della gloria di Dio, cioè dell'amore assoluto che le tre Persone della Trinità sono e costantemente si scambiano (1 Gv 4:8 *Dio è amore*) includendoci nelle loro relazioni reciproche di comunione, infatti *la nostra comunione è con il Padre e con il Figlio suo Gesù Cristo* (1 Gv 1:3) *e con lo Spirito Santo* (2 Co 13:13), se vivificati in Cristo lo conosciamo come nostro Salvatore.

Quanto abbiamo detto affermando che **la sottomissione esiste per essere inondati d'amore a immagine della Trinità**, dell'amore dell'autorità divina attraverso l'autorità umana, vale non solo per la famiglia, ma per ogni forma di esercizio di autorità sulla terra, poiché in Ro 13:1 è scritto che *non vi è autorità se non da Dio*.

Infatti Dio ha concepito tutta la creazione come un fiume di amore perché l'ha creata per mezzo e in vista (Co 1:16) della Parola (Gv 1:1), Gesù, la verità (Gv 14:6), che è Dio, cioè amore (1 Gv4:8). In tal senso ogni umana autorità nel mondo è un'affermazione di questo fatto, cioè del valore assoluto dell'autorità della verità che è Dio nel creato, (*io sono la verità* Gv 14:6; *tutte le cose sussistono in lui* Cl 1:17). Infatti ogni umana autorità *è da Dio* (Ro 13:1) solo perché lui l'ha concepita come espressione e richiamo allo stare nella verità e questo spiega perché, pur sembrando assurdo oggi sottoporsi a un'autorità dittatoriale (come quella di Cesare ai tempi di Gesù), questo ha senso agli occhi di Dio (Mt 22:21) e spiega anche perché nel nuovo cielo e la nuova terra l'autorità nel mondo naturale e spirituale sarà meravigliosa perché coinciderà pienamente e totalmente con la verità dell'amore di Dio. Un riferimento che mostra tutto ciò in gran parte già attuato nel regno milleniale si trova in Is 11:9 ..*la conoscenza del Signore riempirà la terra come le acque coprono il fondo del mare.* Ricapitoliamo ora quanto appena detto: tutta la creazione è creata per mezzo della verità, Gesù, la Parola, rispettare l'autorità umana, poiché ogni autorità è da Dio, è attestare questo fatto, vale a dire riconoscere l'autorità della verità, cioè di Gesù stesso, nel creato. Per questo il rispetto dell'autorità da pace e va sempre fatto nella verità. Ciò significa che va fatto sottomettendoci in primo luogo a quest'ultima, vale a dire a Dio, cioè obbedendo all'autorità umana solo nella misura in cui ciò che ci chiede è consentito agli occhi di Dio.

Quanto stiamo ora affermando, cioè che ogni autorità terrena è stata istituita per essere veicolo del fiume di amore che procede da quella celeste, Dio, verso il creato, è comprovato dal fatto che l'Eterno aveva assegnato all'uomo autorità su tutta la creazione terrena per benedirla in un modo particolare attraverso di lui. Infatti scoprire il creato dominandolo (Ge 1:28), cioè nel nome e con l'amore di Dio in qualità d'esseri umani vestiti della sua gloria, è all'origine nei piani del Signore una benedizione per la creazione, come abbiamo già in precedenza spiegato. Con il peccato originale però l'autorità non più nella verità dell'uomo sul creato (Gv 14:17 *lo Spirito della verità che il mondo non può ricevere*; 1 Gv 5:19 *tutto il mondo giace sotto il potere del maligno*), è diventata strumento di maledizione anziché di benedizione, ed è per questo che a causa del peccato di Adamo il suolo è stato maledetto (Ge 3:17 *Ad Adamo disse: "...il suolo sarà maledetto per causa tua"*).

L' AIUTO CONVENEVOLE (GE 2:18)

Come abbiamo ampiamente considerato quando Dio ha dato la donna all'uomo ciò non è mai stato perché lei vivesse in funzione dell'egoismo e dell'egocentrismo maschile, poiché questo non è il modello Trinitario di relazione. Noi abbiamo già considerato che le tre Persone della Trinità, cercando sempre ciascuna la gloria delle altre due e non la propria, si servono reciprocamente in ruoli diversi perché questo è lo spirito del servo, l'innalzamento dell'altro alla luce della verità. Questa qualità del suo essere la Trinità la pratica includendo nell'abbraccio reciproco delle tre Persone l'essere umano rigenerato nel Figlio (Cl 3:3 ....*la nostra vita è nascosta con Cristo in Dio*; 1 Gv 1:3; 2 Co 13:13), scrivendone il nome sul palmo della mano di Dio (Is 49:16) e innalzandolo costantemente con la divina giustificazione salvifica. Infatti Gesù intercede sempre per noi sul fondamento del fatto che ci ha comprati e giustificati col suo sangue. Quanto ora detto è confermato dai seguenti versetti: 1 Co 6:20 ....*siete stati comprati a caro prezzo*; Ro 4:25 ...*è stato resuscitato per la nostra giustificazione*; Eb 7:25 ...*vive sempre per intercedere per loro*.

Gli esseri umani, poiché sono creati a immagine della Trinità, sono chiamati a vivere le relazioni familiari con la stessa attitudine propria delle tre Persone, vale a dire volta a servire l'altro nella verità. Tale attitudine è descritta chiaramente in Fl 2:3 *Non facendo nulla con rivalità o vanagloria, ma con umiltà, ciascuno di voi stimando l'altro più che se stesso. Non cercando ciascuno il proprio interesse, ma quello degli altri.* Vale a dire in Cristo le relazioni sono permeate dello Spirito di Dio e non ispirate dall'orgoglio e dalla conseguente volontà di dominare l'altro, che crea rivalità ed è espressione di vanagloria.

Per quel che concerne la donna se il marito non ha verso di lei l'attitudine che abbiamo appena descritto, cioè di colui che servendola la innalza come Gesù fa con la chiesa, questa può facilmente soffrire molto.

Infatti le mogli tendono a risentirne se non sono amate dai mariti, vale a dire se non sono al centro degli interessi del coniuge subito dopo Dio e prima del lavoro e di ogni altro affetto. Ciò avviene per un motivo ben preciso che è il seguente: essere creata a gloria dell'uomo (1 Co 11:7) significa essere creata per essere amata dal marito con priorità, dopo Dio, assoluta, poiché **senza amore non esiste gloria**. Comprendiamo meglio cosa questo significa considerando di nuovo che l'essere umano dopo il peccato originale si accorse di essere nudo (Ge 3:7), cioè svestito della gloria di Dio di cui da quel momento fu privo (Ro 3:23). In seguito a ciò da allora in poi non conobbe più nel suo intimo la presenza di Dio e così non ebbe più in se stesso la consapevolezza di cosa sia l'assoluto amore incondizionato, in quanto solo Dio è amore (1 Gv 4:8). Notiamo che in 2 Co 4:6 è scritto: *..il Dio che disse: "Splenda la luce nelle tenebre", è lo stesso che ha fatto brillare il suo splendore nei nostri cuori per far risplendere in noi la conoscenza della gloria di Dio, che rifulge sul volto di Gesù Cristo*. Vale a dire è stato necessario attendere la pienezza dei tempi (Ga 4:4) con il dono del Salvatore al mondo (Gv 3:16), il quale ha reso possibile in Cristo la rinascita spirituale dell'essere umano descritta in 2 Co 4:6, perché quest'ultimo non fosse più privo della gloria di Dio e conoscesse così di nuovo l'amore assoluto del Signore nel proprio cuore. Infatti in Ro 5:5 è scritto: *la speranza non lascia confusi perché l'amore di Dio è stato sparso nei nostri cuori mediante lo Spirito Santo che ci è stato dato*, il quale ci ha di nuovo resi partecipi della gloria di Dio poiché è l'autore della nuova nascita (Gv 3:5-6). In seguito a quanto abbiamo ora detto possiamo affermare che senza l'amore incondizionato dato dalla presenza di Dio in noi, non esiste per l'essere umano l'esperienza della gloria di Dio. Quindi il fatto che la donna è stata creata a gloria dell'uomo significa che è stata creata per essere amata incondizionatamente altrimenti tale gloria non può essere manifestata e vissuta. Poiché al di fuori di Dio per l'essere umano la gloria non esiste, il fatto che la donna è stata creata a gloria dell'uomo significa che è stata creata a gloria dell'uomo in Dio, e quindi che l'uomo è chiamato a amarla con l'amore di Dio per vedere e vivere la gloria che Dio vuole dargli attraverso di lei. Tutto questo ci fa capire come mai la moglie deve essere amata dal marito con priorità dopo Dio, assoluta.

Inoltre notiamo che quanto detto ci aiuta a comprendere anche perchè la gloria per l'essere umano non è reale ma solo vana (appunto è vanagloria) al di fuori di Dio, è così poiché lui solo è amore (1 Gv 4:8).

Consideriamo ora che la donna per essere un aiuto convenevole e riconoscere in tal modo nella verità appieno l'autorità del marito in seno alla famiglia, è chiamata a sottomettersi a lui obbedendogli. Mentre fa questo però allo stesso tempo non si deve lasciare istigare dalla natura dominante da questi acquisita con il peccato originale a porsi spiritualmente interiormente nella posizione di dominata, la quale è fallace perché Dio all'origine non gliel'ha assegnata nell'ordine della creazione, ma gliela ha data Satana. Infatti in tale posizione la moglie non svolge più la funzione di aiuto convenevole attribuitale da Dio, ma diventa un aiuto sconvenevole. Vale a dire continua ad essere un aiuto del coniuge in quanto è stata concepita da Dio come tale, ma avvallando intimamente il dominio del marito vediamo che lo sostiene a sedimentarsi nel suo egocentrismo, vale a dire a peccare invece che a ricevere gloria da Dio attraverso di lei, cioè lo spalleggia a servire Satana e non Dio. La donna è chiamata a confermare l'uomo nel suo ruolo di guida amorevole, a sostenerlo e confortarlo anche quando questi nella sua posizione sbaglia, ma non è chiamata alla complicità nella vanità. In Ef 5:22 è scritto *siate sottomesse ai vostri mariti come al Signore* e in Cl 3:18 *Mogli siate sottomesse ai mariti* **come si conviene nel Signore**, vale a dire si chiede alla moglie di non prevaricare mai il ruolo in autorità del marito in seno alla famiglia, ma ciò per essere un veicolo della gloria di Dio per lui, e non per avvallarne l'egocentrismo davanti a Dio, vale a dire non per farne il proprio idolo facendo compromessi con la verità.

La moglie è stata creata per essere un aiuto convenevole, un aiuto è un sostegno e questo è uno dei significati della parola ebraica verità, la quale corrisponde all'essere di Gesù (Gv 14:6). Quindi un aiuto per essere tale deve poter stare nella verità, cioè in Dio. Se il marito interpreta in funzione del suo egocentrismo il fatto che la donna è stata creata per essere un suo aiuto, ostacola con una spinta propulsiva contraria alla verità il ruolo di sostegno che la moglie è chiamata a dargli esclusivamente nella verità. Infatti solo in essa la donna può adempierlo, altrimenti non sarà più un aiuto ma una collaboratrice di caduta. La moglie è chiamata a mantenere se stessa nella verità resistendo l'impulso egocentrico del marito se questo non ascolta la sua chiamata di facilitarle di svolgere la sua funzione di aiuto mantenendosi lui stesso nella verità e non vivendo la dipendenza della moglie come strumento e soddisfazione del proprio egocentrismo e della propria aspirazione carnale al dominio.

Quindi la moglie offre al marito l'ubbidienza da dare a chi è in autorità all'interno dell'istituzione che entrambi formano, la famiglia. La sua obbedienza viene in tal modo in primo luogo tributata a Dio e perciò non può attuarsi al di fuori della verità, e se il marito che le è preposto non conosce il Signore o, pur essendo salvato, non lo segue, può accadere che la donna gli obbedisca come si fa con le autorità del mondo, cioè negli atti (Mt 22:21 *Rendete dunque a Cesare quel che è di Cesare*), ma nel cuore non avvallerà il dominio come se questo fosse da Dio, ciò per mantenersi nella verità, e per promuovere il trionfo della stessa anche nel coniuge.

Poiché la famiglia al pari della comunità ha come capo Cristo in quanto il capo del capofamiglia è Cristo (1 Co 11:3 *il capo dell'uomo è Cristo*; Ef 5:23 *Cristo è il capo della chiesa*), tutti i membri della famiglia al pari di quelli della comunità sono chiamati in primo luogo a sottomettersi, ciascuno nel suo ruolo, alla verità, cioè a Cristo e in tal senso gli uni agli altri (Ef 5:21). Per cui l'obbedienza della moglie in seno alla famiglia come quella alle autorità preposte in seno alla chiesa è condizionata e limitata da questo fatto, **cioè deve essere a gloria di Dio e va vissuta nello Spirito della verità** (Gv 16:13).

Abbiamo già detto che l'uomo, il quale non vede più nella donna la connaturata capacità di non prevaricare la sua autorità, afferma se stesso dominandola con la sua forza, e abbiamo notato che questa posizione però, guardando bene, è una forma di debolezza, paragonata al ruolo da gentleman che Dio gli ha assegnato nella creazione, infatti con la carnalità non si conquista né eredita mai la vita. Abbiamo già menzionato 1 P 3:2-2 (*Mogli siate sottomesse ai vostri mariti perché se anche ve ne sono che non ubbidiscono alla parola, siano guadagnati, senza parola, dalla condotta delle loro mogli, quando avranno considerato la vostra condotta casta e rispettosa*) e abbiamo considerato che il marito attraverso la sottomissione della moglie viene rassicurato dell'amore di Dio poiché la consorte non vuole prevaricarlo nel suo ruolo e che la donna così può concorrere a conquistare il coniuge irredento a Cristo. Ora notiamo inoltre che poiché la sottomissione della moglie è in primo luogo alla verità, Gesù, (capo del marito se questo è credente), nel sottomettersi al coniuge la donna è chiamata a sapere nel suo intimo che è amata da Dio, che non è stata concepita come oggetto di dominio, avendo così presente il senso della sua dignità e vittoria nell'ordine della creazione, in modo da poter aiutare il marito a discernere l'amore di Dio e così anche a scoprire e condividere con lei la sua vera natura maschile, quella del gentleman che sa onorarla e perciò come trattarla e amarla. Vale a dire a scoprire come uomo la sottomissione a Dio a immagine di Cristo, per essere un marito che vuole sempre più rinunciare alla propria egocentrica carnalità amando così la consorte come Gesù ama la chiesa e ha dato se stesso per lei (Ef 5:25).

La donna se non è amata dal marito e non riesce ad affrontare in Cristo tale realtà, nel profondo è infelice perché non riceve la linfa vitale dell'amore di Dio che il Signore le vuol dare attraverso suo marito all'interno dell'istituzione famiglia. Quando invece ciò avviene ci sono i frutti, la donna sboccia, tutte le sue potenzialità e doni si manifestano, in tutti i campi in cui Dio le ha donato di poterlo servire. Voglio illustrate quest'ultima affermazione parlando di una coppia di non credenti che conobbi quando io stessa non avevo ancora ricevuto il Signore come Salvatore, ma che a livello di vita naturale esemplificano chiaramente quanto ho appena detto. Da ragazza conobbi una giovane coppia del nord Europa con due bambini, lei era un'artista estremamente sensibile, molto creativa e allo stesso tempo vulnerabile che apertamente confessava questa sua notevole fragilità e la conseguente profonda dipendenza affettiva dal marito assieme alla gratitudine verso di lui per la sicurezza, l'amore e l'unità che nel suo ruolo questi molto discretamente le offriva e che costituiva con lei e i loro figli. Nei suoi quadri ricorreva l'immagine del loro nucleo familiare, lei era un tutt'uno con il marito e in tale unità erano inclusi i bambini. Questa donna si sentiva veramente amata, supportata, rassicurata, tutelata dal marito che comprendendo e onorando il profondo bisogno della moglie di esprimere la propria creatività le aveva costruito attaccato alla loro abitazione uno studio ove poter dipingere. Come un'onda l'amore del marito che aveva onorato la moglie rispettandone l'essere più profondo secondo come Dio l'aveva concepita quale artista, non sentendola come un qualcuno da usare per i suoi fini o delle cui debolezza approfittare, ripeto come un onda tale amore dalla moglie si riversava di nuovo sul marito sotto forma di profonda gratitudine e totale dipendenza inondando di una speciale benedizione di unità anche la prole. Tutto ciò nel naturale, in vite umane prive della gloria di Dio, cosa potrebbe allora essere una simile realtà nello spirituale, in una famiglia tempio di Dio?!

L'uomo abusa della sua funzione di capo se domina la compagna. La moglie virtuosa (Pr 31:10) riesce a rispondere con la grazia di Dio al dominio del coniuge, ma non tutte ce la fanno, perché la donna è stata creata per essere amata non dominata. Se non onorata, cioè degradata a cosa, o a mera inserviente e non amata, e se non ce la fa a rispondere con la grazia e il perdono in Cristo, la donna può farlo con depressione, malattie o scelta di allontanarsi. Vedremo poi che esistono anche altre risposte elaborate nei secoli a livello culturale attraverso le quali la donna reagisce dominando anch'essa a sua volta il marito con la manipolazione.

Quindi si può dire che se in obbedienza a Dio la moglie viene amata dal marito, essendo questi nella sua posizione di capo canale primario di benedizioni provenienti dal trono di Dio per la famiglia come già evidenziato in Ge 3:7, facilmente ci sono frutti buoni, se avviene il contrario si promuovono frutti negativi.

Ricapitolando quanto fino ad ora detto possiamo affermare che maschile è il gentleman, maschilista chi abusa della sua funzione di capo con il dominio, e anche che la moglie è chiamata a essere sottomessa al marito come al Signore (Ef 5:24), e che può far questo solo sottomettendosi alla verità che è Cristo. Vale a dire solo stando ferma nella verità, nella stima di sé in quanto amata da Dio, amando il marito (suo prossimo) come se stessa (Le 19:18), e così di conseguenza ferma nella misericordia di Dio verso il coniuge, la moglie può essere in grado di aiutare il marito a scoprire, sempre di più, la vera natura maschile che gli è propria, quella del gentleman; non solo ma saprà in tal modo mantenersi spiritualmente libera, consapevole del limite da non valicare nell'obbedienza al coniuge, che è la disobbedienza a Dio, il non stare più nella verità, in Cristo. Infatti, un marito che domina la moglie in realtà la sta istigando a camminare mettendo nella sua vita lui al primo posto, secondo la natura adamitica conseguita al peccato originale per la quale centrale per lei è il marito, poiché i suoi desideri convergono verso di lui (Ge 3:16 ...*i tuoi desideri si volgeranno verso tuo marito*). Vale a dire il coniuge in tal modo istiga la consorte a condurre un'esistenza marito-centrica e non Cristo-centrica, che è la sola verità e autentico progetto di Dio per lei, e anche l'unico modo in cui può vivere il suo ruolo d'aiuto convenevole al suo fianco venendo guidata dallo Spirito Santo. Per cui il marito, istigando col dominio la consorte, diviene anche collaboratore di caduta per lei, se la moglie non sa opporsi nello spirito a tale inganno mantenendosi in Cristo.

Facciamo ancora una considerazione relativa al ruolo di aiuto convenevole della donna correlandolo al senso della bellezza femminile e ricordando come premessa alcune cose già dette. Abbiamo in precedenza constatato che l'essere umano in seguito al peccato originale vive sotto l'autorità del maligno (1 Gv 5:19 *noi sappiamo...che tutto il mondo giace sotto il potere del maligno*), per cui ha connaturato in sé l'anelito al dominio sul suo prossimo, e anche che essendo la donna il vaso più delicato (1 P 3:7), questa tenta di dominare l'uomo manipolandolo. Abbiamo visto che Dio ha creato Adamo con un bisogno intrinseco molto profondo della donna che ha da lui (es)tratta, e che con il peccato originale anche tale bisogno è stato spogliato della gloria di Dio e privato della libertà, cioè dell'amore incondizionato di Dio nell'uomo per la donna, il che ha dissacrato la componente fisica dell'amore coniugale proiettandola fuori dal matrimonio. Ora la donna, il vaso più delicato, non avendo lo strumento d'una superiore forza fisica a disposizione, può facilmente far leva colla sua bellezza esteriore sul connaturato e dissacrato bisogno che l'uomo ha di lei al fine di manipolarlo, fino anche a giungere alla sua seduzione promuovendo in lui (1 Gv 2:16) *la concupiscenza degli occhi*. Un tale uso della bellezza che Dio le ha donata è negazione del proprio ruolo d'aiuto convenevole perché anziché aiutare l'uomo nella verità lo vuol manipolare, vale a dire gestire nella menzogna. Equivale anche a snaturare la bellezza femminile del significato originario che Dio le ha dato a gloria, in Dio, dell'uomo, quale parte della testimonianza della grandezza dell'Eterno nella sua opera d'arte creata a sua immagine, la coppia, ciò per renderla invece strumento del nemico per mano della donna. Questo uso immondo dell'estetica femminile determina lo sdegno di Dio verso di lei, come si legge in Is 3:16-24. Un tale impiego del proprio aspetto è anche una negazione a se stessa da parte della donna della vittoria che lo spirito ha in Cristo sulla carnalità e quindi del primato del primo sulla seconda, ed è anche qualcosa di inutile perché non è possibile carnalmente ottenere una vittoria, poiché nella carne non c'è vittoria. È per questo che nella scrittura c'è il monito per le donne a vestirsi con verecondia come leggiamo in 1 Ti 2:9 *Le donne si vestano in modo decoroso con pudore e modestia.* Ciò non significa menomare il senso della propria estetica femminile, che come abbiamo in precedenza visto è un dono da vivere a gloria di Dio, ma solo che non lo si può usare al servizio del nemico come avviene con la manipolazione.

LA DIFFERENZA TRA ORDINE E SISTEMA

Per introdurre il tema della manipolazione dell'uomo da parte della donna nell'ambito della nostra cultura, mi è parso opportuno riportare contenuti relativi a un breve studio sugli inganni culturali, in cui ho introdotto due concetti distinguendoli con i termini ordine e sistema.

L' ORDINE

In 1 Co 14:40 è scritto .... *ma ogni cosa sia fatta con dignità e con ordine*, queste sono parole di Paolo riferite alla condotta da tenere in seno alla chiesa, il corpo di Cristo. Infatti il Signore è un Dio di pace, di armonia, di ordine, cioè di verità e chiarezza, non di contesa e confusione, come si può leggere in 1 Co 14:33 ...*perché Dio non è un Dio di confusione ma di pace.* Ciò poiché il Signore non ispira mai l'essere umano a dominare il suo prossimo, vale a dire alla rivalità che poi genera contese e quindi disordine, perché, come abbiamo visto parlando del dominio, è il nemico che invece lo fa, da quando con il peccato originale ha introdotto nella natura umana in seno alla coppia la propensione al dominio reciproco, subentrato al posto dell'amore incondizionato che per la gloriosa presenza di Dio prima li univa.

L'ordine è da Dio, basta considerare la sua creazione per constatarlo, vedere come è strutturato un fiore, l'anatomia del corpo umano, le orbite dei pianeti attorno al sole, la scansione ritmica che ordina il susseguirsi dei giorni e delle stagioni, e tanti altri infiniti modi con cui Dio ha organizzato il creato.

Poiché Gesù è la vita (Gv 14:6) e la luce del mondo (Gv 8:12), quando veniamo rigenerati in Cristo e siamo vivificati interiormente (1 Co 15:45 ...*l'ultimo Adamo è spirito vivificante*), Dio scrive le sue leggi, vale a dire la luce e l'ordine proprio della vita che lui stesso è (Gv 14:6), nei nostri cuori (Eb 8:10 *io metterò le mie leggi nelle loro menti, la scriverò sui loro cuori*; Gr 31:33). Dio così opera in noi trasformandoci, restaurandoci a sua somiglianza e rendendoci in tal modo strumenti atti a annunciarlo, infatti **l'ordine di Dio è vivo e produce il frutto della vita.**

In altri termini l'ordine nell'esistenza umana è sinonimo di vita risorta poiché solo Dio lo può attuare attraverso la rigenerazione, infatti con la rivelazione della verità ricompone, restaura gradualmente e così ricrea risolvendole progressivamente, tutte le falle del nostro essere interiore.

Come abbiamo appena detto l'ordine è da Dio e si attua solo perché lo spirito vivificante dell'ultimo Adamo (1 Co 15:45) rigenerando la vita umana la ricompone nella verità, come si legge in Gv 16:13 *lo Spirito della verità...vi guiderà in tutta la verità.* Infatti la verità di per sé stessa è ordinata, poiché in lei non vi è mai l'incoerenza della menzogna, dato che è la presenza di Dio stesso (Gv 14:6 *Io sono...la verità*; 1 Gv 5:20 *noi siamo in colui che è il Vero*) e perciò è la sola atta a rendere per la sua coerenza di luce una vita ordinata.

L'ordine differisce nettamente dal sistema.

IL SISTEMA

Anche il nemico ha un suo ordine, ad esempio è organizzato, vale a dire "ordinato" per gerarchie, come si comprende dall'uso di svariati termini per definire le potenze demoniache in Ef 6:.12 ...*il nostro combattimento...è...contro i principati, contro le potestà, contro i dominatori del mondo di tenebre di questa età, contro gli spiriti malvagi nei luoghi celesti.* Vale a dire nel regno spirituale vi sono dei demoni organizzati per gerarchie capeggiati dal nemico e con questo suo "ordine" il diavolo, *principe di questo mondo* (Gv 11:31), domina le società e opera facendo sì che nei vari territori la vita umana venga scandita e strutturata in base a dei sistemi elaborati da menzogne che nel corso dei secoli si sono stratificate e sedimentate nelle varie aree geografiche per i peccati e i legami generazionali delle persone prive della gloria di Dio che le abitano (1 P 1:18b il *vostro vano modo di vivere tramandatovi dai padri*). Essendo vanità tramandate di generazione in generazione, tali menzogne vengono scambiate in seno alle culture di appartenenza per verità. Per questo in At 17:30 è scritto: *Dio passando sopra i tempi dell'ignoranza*, vale a dire i tempi precedenti all'incarnazione di Gesù, con la quale *la grazia e la verità sono venute* nel mondo (Gv 1:17), tempi in cui l'umanità non essendo ancora stata visitata dalla verità incarnata, Cristo, era necessariamente nell'ignoranza, poiché separata a causa del peccato originale dalla presenza di Dio e quindi dallo *Spirito della verità, che il mondo non può ricevere perché non lo vede e non lo conosce* (Gv 14:17). Notiamo che gli inganni culturali operano a livello di singoli, di famiglie, di abitanti di città e di nazioni e nell'era globale omologano il mondo.

Con il suo sistema di menzogne legate a aree geografiche il nemico sempre menoma e mortifica gli esseri umani nella loro identità e dignità negandogli la vera libertà, infatti con esso li uccide, mai vivifica, e produce il frutto della morte spirituale (Ro 6:23 il *salario del peccato è la morte*).

È solo la verità che stabilisce un ordine reale verace, i sistemi che comprimono l'uomo in un pseudo-ordine dettato da menzogne culturali non lo fanno.

Anche le teologie possono essere ordine o sistema, se sono ordine, cioè verità nel senso biblico, acqua viva che procede dal trono di Dio e si rivela, liberano, se sono sistema uccidono (2 Co 3:6 *la lettera uccide, ma lo Spirito vivifica*; Gv 7:17 *Se uno vuol far la volontà di lui* (il Padre) *conoscerà se questa dottrina è da Dio o se io parlo di mio*, versetto quest'ultimo che ci fa capire che una dottrina può anche non essere da Dio). La vera religione è la comunione con Dio, altrimenti le religioni diventano dei sistemi che non sono benedetti da Dio.

La cultura ebraica aveva anch'essa delle proprie tradizioni elaborate dall'uomo (Mr 7:13 *...annullando...la parola di Dio con la tradizione che vi siete tramandata*), ma includeva pure ordinamenti superiori a quelli di tutte le altre culture perché prescritti da Dio tramite la legge mosaica. Quest'ultima è figura di ciò che l'Eterno in epoca successiva avrebbe fatto donando all'umanità lo spirito vivificante dell'ultimo Adamo (1 Co 15:45), che avrebbe ristabilito nel mondo appieno, anche se per fasi, l'ordine vivo, vivificante e liberatorio di Dio.

Alla sua prima venuta il Signore ha attuato questa promessa, ponendo con la sua morte e resurrezione, per la vittoria così conseguita sul maligno, il fondamento del ripristino di tale ordine nel creato (Gv 19:30 *tutto è compiuto*). Dopo la sua ascensione Gesù ha continuato quest'opera dal cielo istituendo nel mondo la chiesa con la finalità di proseguire il restauro del suo ordine divino nella creazione. Quando verrà per la seconda volta (1 Te 4:16; At 1:11), egli completerà l'attuazione di questo suo proposito liberatorio governando la terra durante il millennio (Ap 20:4) e poi stabilendo la sovranità assoluta della sua giustizia in un nuovo cielo e in una nuova terra (2 P 3:13).

Eppure persino il sistema giudaico e la legge divina della cultura ebraica in esso inglobato che contengono promesse di una tale portata, Gesù lo chiamò otre vecchio (Mr 2:22), non si può mettere il vino nuovo (la salvezza manifestata dalla rinascita in Cristo) in otri vecchie disse. In Gv 1:17 è scritto che *la legge è stata data per mezzo di Mosé, ma la grazia e la verità sono venute per mezzo di Gesù Cristo,* la prima rispetto alle seconde è da considerare un otre vecchio che non può contenere l'ordine rigenerante di Cristo (Ro 8:3 ...*ciò che era impossibile alla legge, perché la carne la rendeva impotente*). Se è così per la cultura ebraica quanto più il vino nuovo, cioè lo spirito vivificante del Signore (1 Co 15:45), non è compatibile con i sistemi carnali del mondo, religiosità di chiesa evangelica inclusa, nella misura in cui anche questa si rivela carnale.

In base a quanto fino ad ora detto evidenziamo che l'ordine divino è vivificante, libero e sano, e spiritualmente fa frutti di resurrezione e che il sistema è l'esatto opposto.

Bisogna stare attenti nel nostro cammino personale con Cristo a non confondere l'ordine vivificante e mai egocentrico di Dio con il sistema di menzogne che vigono nel contesto culturale in cui ci troviamo, ciò anche in ambito religioso. Ogni nostro tentativo di sostituire la vita propria dell'ordine vivificante creato da Dio con la morte di un sistema culturale è illusorio e destinato a fallire, perché non possiamo pretendere che ciò che è spiritualmente morto sia fonte di vita per noi.

Non ci si può accanire a pretendere che i sistemi possano dar luogo a un ordine reale nel senso verace e liberatorio del termine, neanche in seno alle chiese perché sono menzogne, farlo è rovinoso (Mt 12:30 *chi non raccoglie con me disperde*), e talvolta nel corso dei secoli per delle denominazioni anche spiritualmente letale, come quando dei sistemi hanno soppiantato la verità fino a perdere l'ossatura del vangelo.

Il sistema non illumina ma ordina appiattendo l'identità degli uomini in modo che perdano la loro originalità e unicità, omologandosi e allontanandosi sempre più dall'essere a immagine di Dio secondo come lui li ha concepiti nella sua unicità e loro originalità.

Noi abbiamo nella nostra natura la componente rigenerata, l'uomo nuovo, e la componente carnale derivata dall'uomo vecchio (Ef 4:22-24 ...*spogliarvi del vecchio uomo...rivestire l'uomo nuovo*), a causa di questo fatto ci muoviamo nel nostro vivere quotidiano anche all'interno dei sistemi oltre che dello spirito vivificante di Dio, cioè del vero ordine, la luce di Cristo. Già solo distinguere questo nel nostro cammino d'ogni giorno non è cosa minima.

Tutto quello che è religiosità morta è sistema. Le religioni sono piene di sistemi, sono fondate sui sistemi, non vivificano ma uccidono con l'omologazione, mentre Dio quando ci rigenera e attua il suo ordine in ciascuno di noi e quindi nel suo corpo come insieme, recupera e esprime l'originalità di ogni singolo essere umano che è stato da lui concepito in modo unico, (con cui non si intende individualistico, ma come Lui è unico essendo trino, Dio di relazione e mai egocentrico). In questo modo Dio restaura a sua immagine la persona umana interiormente e nelle sue relazioni, in primo luogo in ambito familiare ove ricrea il suo ordine per lo spirito vivificante di Cristo, l'ultimo Adamo (1 Co 15:45).

Osserviamo ora il modo in cui l'Eterno ha creato i popoli considerando che in At 17:26 è scritto *Egli ha tratto da uno solo tutte le nazioni degli uomini perché abitino su tutta la faccia della terra, avendo determinato le epoche loro assegnate e i confini della loro abitazione.*

Dio infatti diede ad Adamo ed Eva il compito di moltiplicarsi e di riempire la terra (Ge 1:22), e anche creò la nazione di Israele con la discendenza della famiglia di Giacobbe. Vale a dire i popoli sono un prodotto dell'istituzione della famiglia creata da Dio a sua immagine, cosa che anche le genealogie in Ge 10 ci dimostrano. Come ogni nucleo familiare ha una sua peculiare originalità a immagine di Dio, così ce l'ha ogni popolo, avendo Dio all'origine concepito ogni persona in un modo molto buono (Ge 1:31). Il popolo è una materia prima nelle mani di Dio da lui creata, che di per sé stessa non è negativa, se il peccato originale non fosse mai esistito ciò sarebbe evidente. Noi non stiamo parlando della negatività dei popoli, ma di quella del peccato, in quanto i sistemi non sono altro che dei modi per soffocare ciò che Dio all'origine, creando l'uomo, ha voluto esprimere.

LA MANIPOLAZIONE DA PARTE DELLA DONNA E LE MENZOGNE CULTURALI

La donna, essendo il vaso più debole (1 P 3:7) per esercitare a sua volta il dominio sul coniuge si è valsa della manipolazione. Come lei è chiamata a non lasciarsi istigare dal dominio del marito a fare compromessi con la verità rinunciando alla consapevolezza in cuor suo che Dio la ama d'un amore eterno e non l'ha creata per essere oggetto di dominio, così lo è l'uomo a riconoscere la trappola della manipolazione, seduzione inclusa, di cui troviamo un esempio in Gc 16, dove è narrata la sconfitta di Sansone ad opera di Dalila. In altri termini il marito è chiamato a resistere la manipolazione per preservare il suo ruolo di guida e per farsi aiutare dalla consorte esclusivamente a stare nella verità e non a sviarsene. Facendo ciò, egli segue la verità nell'amore come scritto in Ef 4:15 (....*seguendo la verità nell'amore*), modalità di cammino in Cristo questa, che è la chiave nelle relazioni in seno alla coppia, sotto ogni punto di vista. Entrambi i coniugi hanno quindi il compito di non cadere nel tranello che il nemico vuole tender loro valendosi del consorte per indurli singolarmente e in coppia a conformarsi al suo modello relazionale, che come ben sappiamo è il dominio, espresso in ciascuno di loro in modi diversi.

Abbiamo già considerato nello studio poco sopra riportato che le menzogne culturali sono una realtà profondamente radicata nella natura umana, poiché si sono stratificate nel corso dei secoli nelle popolazioni di ogni area geografica, dal momento che vi hanno vissuto persone prive della gloria di Dio, che in quanto tali hanno sviluppato di generazione in generazione modalità di pensiero e credenze ispirate dal *principe di questo mondo* (Gv 11:31), sotto la cui autorità tutto il mondo giace (1 Gv 5: 19 *...noi sappiamo... che tutto il mondo giace nel maligno*). Ora consideriamo un testo a conferma di quanto appena detto: At 14:16 *Egli nelle generazioni* passate, ha lasciato che **ogni popolo seguisse la propria via**. Questo versetto mostra che non solo i singoli (Is 53:6), ma anche i popoli perseguono una propria via, la quale è negazione del volere di Dio per loro e che corrisponde al sistema culturale di menzogne da questi elaborati e tramandati al posto della verità nel corso dei secoli. Inoltre questo versetto conferma anche quanto scritto in At 17:30 *Dio...passando sopra i tempi dell'ignoranza*, vale a dire denota il fatto che tutto il mondo prima di essere visitato dalla verità, il Salvatore, era nell'ignoranza (Gv 1:17 *La grazia e la verità sono venute per mezzo di Gesù Cristo*).

Poiché *tutto il mondo giace nel maligno* (1 Gv 5:19) e il Messia è la verità, l'esatto opposto dei sistemi di inganni culturali che vigono in ogni nazione, quest'ultime per tale motivo non erano atte o idonee a dare i natali al Messia, *il Santo* (At 3:14) e l'unico giusto (1 P 3:18). Quindi Dio si è necessariamente creato un popolo a lui consacrato per poter donare all'umanità il Salvatore, infatti è scritto

- che si prescelse un popolo: De 7:6 *Il Signore, il tuo Dio, ti ha scelto per essere il suo tesoro particolare fra tutti i popoli che sono sulla faccia della terra*; Le 26:12 *Camminerò tra di voi, sarò vostro Dio e voi sarete mio popolo*.
- a lui consacrato: De 7:6 *tu sei un popolo consacrato al Signore*.
- santo: Es 19:6 *sarete per me...una nazione santa*,

attraverso il quale dare al mondo il suo Messia.

Ora le menzogne culturali non si sradicano o modificano facilmente nell'arco di poche generazioni, tanto meno per l'intervento della semplice volontà umana. Voglio illustrare questo fatto con un esempio tratto da un'altra cultura che, poiché diversa da quella di appartenenza, è per noi meno coinvolgente a livello personale e quindi forse più atta a aiutarci a prendere la giusta prospettiva in merito al fenomeno. Faremo questo però senza tifare per la cultura di appartenenza, come non lo abbiamo fatto per il genere, e senza colpevolizzarci per come la mentalità italiana è deficitaria davanti a Dio, perché il nostro fine è sempre solo quello di perseguire la verità e lasciarci da questa illuminare col proposito di essere resi veramente liberi dal Signore (Gv 14:6 *io sono la verità*, Gv 8:32 *conoscerete la verità e la verità vi farà liberi*; Gv 8:12 *io sono la luce del mondo*).

L'esempio è preso dalla cultura olandese, ed è datato poiché risale agli anni settanta quando mi trovavo da non molto tempo in quel paese, ove poi vissi per diversi anni. Allora mi stupivo che capelloni trasgressivi si sentissero evidentemente a disagio e imbarazzati per delle piccole sviste come far cadere per sbaglio un pennello a terra nell'aula di pittura dove lavoravamo all'accademia. Mi ci volle qualche anno per comprendere che la radice calvinista di quella cultura implicava una particolare stima per l'efficienza e il risparmio considerati notoriamente tra i più alti valori morali se non i più rilevanti in assoluto, come anche il seguente emblematico episodio evidenzia. Una mamma col figlioletto di due o tre anni in braccio che vidi mentre riprendeva amorevolmente il suo bambino davanti alla vetrina di un negozio, perché questi guardando un aspirapolvere esposto, ne ammirava il colore, il rosso. La madre infatti diceva al pargoletto che non doveva pensare al colore dell'oggetto che stava vedendo, ma alla sua funzione, vale a dire gli insegnava a porre al primo posto delle sue considerazioni l'efficienza. Ed è vero che quest'ultima ha un altissimo valore morale, basti pensare a come noi italiani soffriamo per quelle enormi disfunzioni date dall'inefficienza che facilmente riscontriamo a livello organizzativo nella vita pubblica, ad esempio negli ambiti burocratici, o anche nell'assistenza ospedaliera e talora nei trasporti, pure il naufragio della Costa Concordia nell'ambito del privato può esserne considerato un esempio; vale a dire l'efficienza è una forma di considerazione per l'altro e perciò di rispetto per il prossimo. Per questo da quel popolo viene associata all'onestà e l'importanza morale che in quell'area geografica le si da, fa si che le persone cerchino costantemente modalità e regole per essere efficienti, a cui poi si sentono in dovere di sottoporsi applicandole per considerarsi in base a ciò giusti davanti a se stessi e agli altri, subordinando la propria identità e personalità a una regola a discapito della spontaneità e favorendo il legalismo, vale a dire percependo ogni aspetto della vita in primo luogo come un dovere. Noi sappiamo che il buono lo possiamo vivere appieno solo vivificati in Cristo, cioè nella santità, perché è solo così che Dio ha concepito l'essere umano, per cui anche una cosa "buona," non vissuta in Cristo può diventare nelle mani del nemico un danno per la vita dell'uomo. L'imbarazzo del capellone era dato dal fatto che si era sentito inefficiente nel far cadere il pennello perché lo stereotipo della sua cultura imponeva l'efficienza in ogni minima cosa, e questa disattenzione lo faceva sentire moralmente inadempiente, pur se inconsapevolmente, ciò malgrado la sua intenzione trasgressiva si volgesse in modo manifesto contro la morale calvinista. In quell'area geografica anche il più ateo degli atei è in un qualche modo impregnato di una mentalità e sensibilità di matrice calvinista, come in Italia una persona analoga è impregnata in una qualche maniera di cattolicesimo, il credo che ha caratterizzato per secoli la mentalità della nostro paese modellandone la concezione e percezione della vita.

Tutto questo per spiegare come mai ho scelto uno stereotipo culturale chiaramente visibile e molto predominante in tutta l'area geografica della nostra penisola fino a una cinquantina di anni fa e ora in gran parte apparentemente modificato e assorbito dalla globalizzazione. Ho fatto questo sia perché i non-giovani vi si possono personalmente riconoscere, ma soprattutto perché esemplifica chiaramente il sostrato culturale da cui proveniamo, avendo questo degli effetti molto rilevanti ancora nella nostra attuale società.

Nella cultura italiana sono stata spettatrice sin da piccola di perversi tentativi di manipolazione dell'autorità maschile in seno alla famiglia attraverso una presunta sottomissione. Si inculcava sin dalla tenera età al maschio la sensazione di appartenere a un ordine umano superiore per il quale è indegno svolgere qualunque mansione domestica poiché femminile, come anche la cura dei bambini, appartenendo quest'ultimi assieme alle donne a ordini esistenziali al lui inferiori. In tal modo gli si imprimeva la funzione di capo facendogli credere che lui era tale in virtù del suo dominio sugli altri. Veniva così istigato a innalzare se stesso, ad alimentare il proprio egocentrismo, e a concepire la sua futura compagna come un qualcosa da usare. Anche se nel matrimonio vi è una reciproca appartenenza fisica si tratta di un rapporto tra persone e non tra cose e c'è un abisso nel considerare la donna come la cosa che ti segue o la persona che ti accompagna, la differenza è l'amore. È per noi impensabile che lo Spirito Santo, privato della sua identità e dignità venga trascinato da Gesù a fare ciò che egli vuole.

Con un tale modello culturale il ragazzo non veniva certo accompagnato a sviluppare il senso del servizio a immagine della Trinità proprio del suo ruolo. La volontà del Signore in merito consiste, come già detto in precedenza, nel vivere la posizione di capo in seno alla coppia con la consapevolezza di essere chiamato ad amare la futura compagna fino al sacrificio della propria vita, che equivale nel quotidiano a quello del proprio egocentrismo, e quindi a non usarla quasi fosse una cosa (Ef 5:25 *Mariti amate le vostre mogli come anche Cristo ha amato la chiesa e ha dato se stessa per lei*).

Riassumendo il modello culturale è il seguente: il maschio idolatrato in seno alla famiglia viene sospinto, spesso proprio dalle donne, su un trono dove gli si inculca che deve rimanere, poiché è disonorevole per lui scenderne collaborando ad esempio alle mansioni domestiche più elementari del vivere quotidiano e talora di cura della propria persona. La donna deve accudire l'uomo a tal punto da renderlo molto passivo, quasi inetto e come incapace nelle mansioni più elementari, cioè totalmente in tal senso dipendente da lei e qui è il risvolto dell'inganno. In questo modo l'uomo viene mantenuto artificialmente in una condizione che rasenta l'inabilità e quel trono da cui gli è vietato scendere, perché gli viene detto che in tal caso non sarebbe stato più un vero uomo, si rivela ben altro. In realtà se spostandoci lo osserviamo sul retro, questo si svela una sedia a rotelle guidata dalla moglie che nel segreto del cuore gli dice che è lei a gestirlo, poiché nella vita naturale più elementare dipende da lei come un neonato e più che una moglie in realtà è una mamma per lui. Così è come se gli dicesse: "Tu dominami pure, ma in realtà sei in mio potere!". Questo è un modo per rigettare l'uomo nella sua qualità maschile, non per amarlo. In tal modo la donna egocentricamente manipola il marito alimentandone l'egocentrismo nel fargli credere di riconoscergli il ruolo di capo mentre in realtà glielo sta negando, perché gli sta negando la natura del gentleman, che Dio vuole abbia nei suoi confronti.

Ci deve essere gioia nel servirsi reciprocamente nei due diversi ruoli che Dio ha dati alla coppia, ma non c'è verità e perciò vera gioia nel cristallizzare in modo umano questi ruoli abusando in tale maniera l'uno dell'altro.

Consideriamo ora quanto segue: tutto quello che viene da Dio è gratuito, la vita naturale quando nasciamo su questa terra non la paghiamo ma ci è donata, parimenti il cibo in Eden, in base a come Dio aveva pianificato la vita umana prima del peccato originale, era regalato, non costava il prezzo della fatica (Ge 3:17), infatti qualcuno giustamente ha detto che con la caduta abbiamo perso pure il pasto gratuito a vita (Ge 1:29 ...*Io vi do ogni erba che fa seme sulla superficie di tutta la terra, e ogni albero fruttifero che fa seme, questo vi servirà di nutrimento*). Anche la salvezza è un dono, avviene per grazia (Ef 2:8 *è per grazia che siete stati salvati, mediante la fede e ciò non viene da voi, è il dono di Dio*), e la ricompensa che i figli di Dio avranno per la loro fedeltà (Ap 22:12 *Ecco, io vengo presto e con me avrò la mia ricompensa da dare a ciascuno secondo le sue opere*), essendo prodotta dall'opera del Signore in noi (Fl 2:13 ...*è Dio che opera in* noi il volere e l'operare; Gv 15:5 ...*perché senza di me non potete fare nulla*), o meglio essendo un frutto suo in noi la nostra opera in lui, è anch'essa necessariamente un dono, infatti noi siamo i tralci e lui è la vite (Gv 15:5).

Invece tutto quello che viene da Satana ha un costo, e il suo prezzo è la vita umana, infatti i sacrifici animali del V.T. servivano per coprire i peccati dell'uomo e lo facevano con la vita di bestie di cui veniva sparso il sangue poiché *la vita della carne è nel sangue* (Le 17:11); vale a dire la trasgressione veniva pagata con una valuta particolare, ciò che respira ed è vivo. Infatti in Eb 9:13 leggiamo che il sangue degli animali nel vecchio patto santificava la carne umana. Poiché ogni peccato è retribuito dall'essere umano con la moneta della propria vita (Ro 6:23), cioè con una sempre maggiore privazione della vera libertà, la trasgressione non si paga solo all'inferno ma già qui, perché si muore nell'intimo, infatti la prima conseguenza della caduta è stata la separazione da Dio (Ge 3:10 *ho udito la tua voce...e ho avuto paura*), vale a dire la morte interiore nello spirito. Più pecchiamo, sempre meno liberi siamo nell'anima e perciò più legati al potere del nemico, cosa di cui anche il nostro corpo è specchio, infatti con la caduta è divenuto mortale. In Mr 2:1-12 vediamo che Gesù guarisce un paralitico dicendogli "*i tuoi peccati ti sono perdonati*", mostrando così che questi erano stati determinanti per il suo stato, infatti l'effetto che sempre ottiene la trasgressione è di togliere la libertà all'essere umano e di irrigidirlo nella vanità, questo è l'esito che immancabilmente ha, tanto è vero che Gesù ha dovuto pagare con la sua vita al posto nostro i nostri peccati per poterci liberare (Ro 5:8 ...*mentre eravamo ancora peccatori Cristo è morto per noi. In greco HYPER; al nostro posto*). L'inganno culturale per cui l'uomo italiano crede di star comodo sul trono del suo egocentrismo e di essere in diritto di farlo in quanto maschio, è in realtà un qualcosa che paga con la sua vita rinunciando alla vera libertà che si trova solo nell'obbedienza a Dio, vale a dire nella sua personalità da gentleman connaturata in Cristo e descritta in 1

P 3:7 (*...mariti, vivete insieme alle vostre mogli con il riguardo dovuto alla donna, come al vaso più delicato. Onoratele...*). Il trono è solo apparentemente conveniente per lui, in realtà oltre a essere una sedia a rotelle, ha anche il potere di trasmettergli lentamente e impercettibilmente, per osmosi, un'ingannevole sostanza velenosa apparentemente a bassissima concentrazione però in realtà molto micidiale e che si rivela sempre più distruttiva e mortale, ciò all'insegna dell'inconsapevolezza e dell'apparente comodità.

Approfondiamo ancora quanto detto ricordando di nuovo che l'uomo e la donna sono esseri creati da Dio a sua immagine e che come nel proprio intimo hanno entrambi un vuoto che solo Dio può colmare con la sua presenza, così analogamente nella propria interiorità hanno una consapevolezza o vuoto a cui può rispondere e che solo può colmare un partner pienamente rispondente all'immagine di Dio, cioè di come lui ha inteso l'uomo e la donna l'uno per l'altro nell'ordine della creazione. L'essere umano non può riscrivere i ruoli della coppia in funzione di stereotipi culturali elaborati nel corso dei secoli da individui e relative culture privi della gloria di Dio (Ro 3:23), anche se tali stereotipi li lasciano apparentemente soddisfatti, poiché sono negazione di verità, la quale è il criterio secondo cui è stata concepita e posta in essere la creazione, essendo ogni cosa stata creata per mezzo di lei e in vista di lei (Cl 1:16), cioè del Vero che è Cristo (1 Gv 5:20), la Parola, l'unico autore di tutto ciò che esiste (Gv 14:6; Gv 1:3). Di conseguenza tali stereotipi culturali, con cui l'umanità pretende di riscrivere i ruoli, lasciano l'essere umano spiritualmente, cioè nel profondo, insoddisfatto, anche se ciò avviene inconsapevolmente. Dico questo perché se una donna ha accanto un uomo dipendente da lei nelle cose minime come un bimbo, anche se è lei a indurlo a essere tale, facendogli credere che solo così è veramente uomo, nel profondo della donna vi sarà sempre quel vuoto che dirà: "questo suo essere bimbo non risponde a verità", cioè all'immagine del partner secondo la natura dell'essere e tipologia comportamentale che Dio le ha messo nel cuore, per cui non lo stimerà veramente, non lo amerà, lo sentirà come una cosetta nelle sue mani che può manipolare come vuole nelle cose minime e così facilmente in tutte. Questo non significa che la moglie non proverà affetto per il suo consorte , anzi probabilmente la sua affezione sarà intensa, perchè lo custodisce come il suo bambino, ma a livello spirituale, con quella menzogna non lo amerà.

Anche la donna paga al nemico con la propria vita il prezzo del suo inganno, pur attuandolo spesso inconsapevolmente in quanto trasmessole dalla cultura di appartenenza (Sl 20:12 *Chi conosce i suoi errori? Purificami da quelli che mi sono occulti*). Tale assenza di consapevolezza può far in modo che essa pratichi la manipolazione sentendola come un dovere, un qualcosa di giusto, persino di vincolante e necessario poiché è l'imperativo culturale a cui è soggetta, frutto della signoria della tradizione vigente nella propria area geografica, in cui però si cela la preminenza del nemico. La grande mancanza di consapevolezza presente nella nostra cultura in merito agli inganni culturali non ne annulla il salario. Il prezzo per la donna è la sua pervicace operosità volta a gestire ogni cosa attorno a sé e a promuovere la passività del marito, da cui consegue per lei continuo stress psico-fisico, e la rinuncia a veder soddisfatto il suo connaturato bisogno quale moglie e madre di riposarsi nel coniuge come la chiesa fa in Cristo, vale a dire di conoscere la benedizione del gentleman che Dio vuole suo marito sia per lei.

Oggigiorno lo stereotipo culturale che abbiamo sopra descritto lo vediamo spesso trasformato e apparentemente annullato, tanto è vero che a differenza di cinquanta anni fa si parla di casalinghi, mammi, e questo fa in una certa misura anche parte della confusione dei generi che ora imperversa. Tuttavia la tendenza a cercare nella moglie la mamma al posto di porsi nei suoi confronti come il gentleman in cui la propria sposa si può riposare, è un effetto ancora molto presente nella nostra attuale società di quello stereotipo sopra descritto in cui la verità non è al centro della relazione e non ne è il collante, ma lo è la menzogna che certo soddisfa gli esseri umani, ma solo nella carne.

L'uomo ha bisogno di essere accolto, come anche in altro modo la donna, ma l'accoglienza che un marito trova nella moglie non ha mai nulla a che fare con quella che trova nella madre. Non è legittimo che cerchi nella moglie un tale tipo di accoglienza. Un marito non può nutrire l'egocentrismo di un bimbo cercando nella moglie la mamma, ma è chiamato ad avere l'attitudine di amare la consorte fino a morire per lei, che è l'esatto opposto. In Ge 2:24 è scritto *...l'uomo lascerà suo padre e sua madre e si unirà a sua moglie, e saranno una sola carne.* Notiamo che è all'uomo in particolare che Dio si rivolge stabilendo che questo si separi dalla famiglia d'origine per unirsi a sua moglie e formare un nuovo nucleo familiare, e ciò non è casuale poiché significa che questi è chiamato a non cercare più nella donna una mamma, ma al contrario a volerla per essere il suo gentleman. Quando l'uomo è se stesso in Cristo nei confronti della moglie, cioè pronto a versare la propria vita per lei, non cercandola in funzione del proprio egocentrismo o dell'egocentrismo della propria moglie, vale a dire è un uomo maturo, questo cambierà anche il modo in cui si rapporterà alla propria madre, perché si confronterà con lei come uomo psicologicamente adulto. Ciò sanerà anche l'atavico problema della dipendenza a vita dell'uomo italiano dalla madre che lo ha formato secondo il modello del macio-bambino, cioè uomo eternamente da lei dipendente, poiché spinto prepotentemente sul trono di falsa egocentrica mascolinità, in realtà infantilismo, sopra descritto. Un sintomo che un uomo cerca nella moglie ancora la mamma è dato dal fatto che non riesce a separarsi in modo psicologicamente sano dalla madre naturale.

Una madre che inculca al figlio il modello dell'uomo "macio", dipendente da lei perché in diritto di coltivare un egocentrismo infantile, in realtà gli imprime la disistima di sé, vale a dire la negazione della vera natura maschile propria del gentleman e che

Dio gli vuole conferire. Ciò può avvenire fino ad arrivare all'assurdo estremo che un uomo vedendosi negare il suo apparente "diritto", culturalmente acquisito, a essere prepotentemente egocentrico, si senta leso nella propria virilità.

Come in ogni ambito anche in questo Gesù è modello di giustizia e ci offre il sano esempio di separazione dalla propria madre e lo fa in qualità di rappresentante del genere maschile.

Gesù onorò sempre la sua genitrice (Es 20:12 *Onora tuo padre e tua madre*), anche nel momento più difficile e doloroso della sua vita quando spiritualmente e fisicamente era tormentato in modo incredibile sulla croce mentre espiava i nostri peccati, infatti allora la assicurò alla cura di Giovanni che *da quel momento...la prese in casa sua* (Gv 19:27). Gesù fece questo perché si rapportava alla madre da uomo adulto, come aveva in precedenza dimostrato alle nozze di Cana quando le disse: *"Che c'è tra te e me o donna?"* (Gv 2:4) Secondo J. MacArthur tale frase è un'espressione semitica che ha l'effetto di creare una **distanza** tra due interlocutori, lasciando trasparire da parte di chi la pronuncia una qualche forma di rimprovero. Essa intende **mettere in dubbio l'esistenza di qualcosa in comune** tra le due parti. Infatti, la stessa espressione viene usata in Mt 8:28 da dei demoni per bocca di due posseduti Gadareni che rivolgendosi al Signore gli dissero: *"Che c'è tra noi e te, Gesù, Figlio di Dio? Sei venuto qua prima del tempo a tormentarci?"*

In altri termini con tale espressione Gesù stabilì una sana distanza dalla madre senza però mancarle di rispetto. Notiamo inoltre che subito dopo il Signore completò la frase dicendo a Maria: *"l'ora mia* (un modo di dire con cui era solito indicare il momento del suo sacrificio, essendo venuto sulla terra con questa primaria finalità) *non è ancora venuta."* Con tali parole lui stava asserendo che il suo sguardo era proteso verso il suo ministero, il quale era già iniziato e che la madre non doveva più vedere in lui il figlioletto ma il Messia, e che non poteva più dirigere i suoi passi o gestirlo, ma che lui si sarebbe lasciato guidare solo dal Padre celeste in tutto il suo agire.

È per questo che poi fece il miracolo, non per l'iniziativa presa da sua madre. Quest'ultima a sua volta disse subito dopo ai servitori *"Fate tutto quello che vi dirà"* (Gv 2:5), in quanto lei stessa si era sottoposta al Messia e a Dio Padre e aveva riconosciuto che Gesù avrebbe preso le sue decisioni e agito come il Cristo e non come il suo pargolo. Abbiamo così evidenziato che il Signore nel suo percorso terreno svolse pienamente nel modo giusto il suo ruolo di figlio, prendendosi come tale cura di sua madre e amandola concretamente finché lui visse sulla terra, ma anche che allo stesso tempo lo fece nutrendo da uomo adulto una sana indipendenza psicologica verso di lei.

Abbiamo già detto che le culture esprimono concezioni della vita sedimentatesi nei secoli attraverso generazioni prive della gloria di Dio, essendo tutti gli uomini peccatori (Ro 3:3), poiché *tutto il mondo giace nel maligno* (1 Gv 5:19), che è *il principe di questo mondo* (Gv 16:11). Per questo motivo nessuna realtà culturale può dare una risposta assoluta su cosa è la verità (Gv 14:17 *lo Spirito della verità che il mondo...non.....conosce*), eccetto quella giudaica che però lo fa a livello di promesse, infatti in Ef 2:11-12 è scritto *...voi gentili di nascita....eravate......estranei ai patti della promessa*. Tali patti, essendo relativi alla venuta del Messia, danno realmente una risposta assoluta, perché, come disse Gesù, *la salvezza viene dai giudei* (Gv 4:22). Ricapitolando possiamo dire che nessuna cultura ha delle risposte su cosa è la verità eccetto quella ebraica, ma anche che questa le ha solo nella misura in cui annuncia il Messia. Malgrado quanto appena affermato, confrontare diverse posizioni culturali su uno stesso tema, come ad esempio la consistenza e l'espressione dell'amore materno, può aiutarci a vedere i limiti della cultura d'appartenenza in quel determinato ambito.

A tal fine racconto un altro episodio, sempre tratto dal periodo in cui vivevo in Olanda. Andando in bicicletta, investii di striscio per dei problemi ai freni un bambino di due anni circa, che stava in piedi vicino alla soglia della sua abitazione accanto alla mamma.

Il bimbo fece un capitombolo scoppiando a piangere, io scesi spaventata dalla bicicletta e mi rivolsi turbata alla madre che nel frattempo non era corsa a soccorrere preoccupata il bambino, ma anzi questa pienamente convinta e fiduciosa esclamò con vigore e tranquillità rivolta verso di me: "È un ometto coraggioso, una cosa così non gli fa nulla". La donna era una popolana, secondo il suo modello culturale stava amando suo figlio perché esprimeva la sua fiducia che questi avrebbe saputo governare le sue emozioni nei casi avversi della vita che così non lo avrebbero sopraffatto, in tal modo manifestava il credo che un giorno egli avrebbe raggiunto la maturità e una sana indipendenza. In quel momento mi ricordai di non essere in Italia, perché mai una madre italiana avrebbe reagito in quel modo. La sua attitudine era espressione di un profondo amore materno radicato nella mentalità della sua cultura e decisamente differente da quello italiano.

Tutto questo per dire che il modo di pensare della nostra penisola non detiene il monopolio del metro di misura per definire cosa è l'amore materno, anche se in tutto il mondo ci conoscono per l'espressione "mamma mia", solo lo spirito di verità in Cristo consente di sperimentare cosa questo sia nella santità .

Gesù non ha mai praticato il culto della propria madre, nel senso che non ha mai anteposto quest'ultima a Dio, e così noi siamo chiamati a non praticare non solo il culto di Maria ma neanche quello delle nostre madri, a cui Gesù chiaramente si oppone come abbiamo visto in Gv 2:4 (nozze di Cana) e come è evidente in Mt 12:46-50, quando sua madre e i suoi fratelli lo cercarono e lui non li ricevette e disse: "...*chiunque avrà fatto la volontà del Padre mio, che è nei cieli, mi è fratello, sorella e madre.*" Vale a dire il primato nelle nostre vite ce l'ha Dio, non il prossimo, includendo in questo anche la propria madre.

Quanto detto può aver infastidito perché queste considerazioni scuotono alla luce dello Spirito di verità gli altarini culturali che sono insiti in luoghi molto profondi del nostro intimo, ma la Parola dice che la tristezza causata da Dio a onore della verità poi in un secondo momento genera gioia e pace, come leggiamo in Eb 12:11 *È vero che qualunque correzione sul momento non sembra recare gioia, ma tristezza; in seguito tuttavia produce un frutto di pace e di giustizia in coloro che sono stati addestrati per mezzo di essa.* Tale trasformazione avviene perché la conoscenza rivelata della verità produce nell'intimo la libertà spirituale (Gv 8:32).

All'estremo apparentemente opposto della cristallizzazione dei ruoli oggi spesso si riscontra questo atteggiamento, che un uomo e una donna stanno insieme come dicendosi: "Siamo diversi ma associamo le nostre vite e vediamo cosa esce fuori da questa diversità". Fanno ciò senza avere la consapevolezza della bellezza dei ruoli a immagine di Dio ed essendo propensi a ridisegnarli ciascuno a suo modo e in funzione del proprio egocentrismo di genere di uomo o di donna. Come dice John Bevere l'essere umano facilmente "si ricompone" Dio a sua immagine secondo la propria natura decaduta, come fece ad esempio il popolo di Israele quando nel deserto senza temerlo gli dedicò il vitello d'oro, fatto riportato in Es 32:5 *Aronne....costruì un altare davanti al vitello ed esclamò: "Domani sarà festa in onore del Signore".* Così facendo in realtà gli israeliti dedicarono a Dio il proprio idolo! Analogamente il ruolo dei due generi non va ridisegnato sul fondamento della natura umana peccatrice, ma capito nella santità della verità del Dio Trinitario alla cui immagine la coppia è stata creata.

L'essere umano ha un grosso problema, non nascendo con una conoscenza connaturata della santità di Dio, ma con una natura egocentrica, tende a crearsi un'immagine dell'Eterno a propria misura, mai riconoscendone appieno la santità (tanto è vero che questa lo trasforma se poi per la rinascita conosce Dio). In modo analogo noi tendiamo a rendere i rapporti umani in seno alla famiglia tra i suoi tre componenti un qualcosa a nostra immagine (vale a dire a somiglianza dell'immagine degradata che abbiamo di Dio), anziché a immagine della Trinità, cioè di come Dio li ha voluti e concepiti.

Voglio ancora considerare un altro aspetto del falso culturale relativo al concetto di mascolinità che abbiamo prima descritto. In uomini con una sensibilità speciale, spesso raffinata, in ogni caso difficilmente comprimibile nel modello maschile fondato sull'esercizio del dominio sulla donna, vale a dire nello stereotipo di effimera virilità, tale falso culturale può determinare la ricerca nell'omosessualità di una soluzione a un modello comportamentale maschile loro alieno, ma culturalmente imperante. Vale a dire "l'inabilità" al conformismo nei confronti del sistema vigente li apre a altri tipi di peccati, anche se non tutti gli omosessuali giungono a una simile scelta secondo questo tipo di percorso (Ro 1:26-27). Tutto ciò mentre proprio la sensibilità che contraddistingue tali temperamenti, prezioso cardine della vera natura maschile del gentleman, li rende agli occhi di Dio atti a sviluppare una profonda relazione d'amore con la donna. Quindi gli ingannevoli stereotipi culturali possono veramente essere oltremodo ciechi e distruttivi e innescare perverse reazioni a catena in caduta libera.

Facciamo ora altre considerazioni, sempre al fine di mettere a fuoco come tali stereotipi differiscono dalla vera mascolinità. Quest'ultima include la consapevolezza che essere capo non pone l'uomo nella posizione di colui che non può sbagliare, o che si sa dimostrare autosufficiente, queste sono concezioni proprie della visione carnale del ruolo di guida. Al contrario questo suo ruolo attesta il bisogno maschile di sostegno, altrimenti Dio non gli avrebbe messo a fianco la donna come aiuto convenevole (Ge 2:18), e quindi in tal senso l'essere capo dell'uomo include la fragilità, infatti questi si sente solo senza la donna (Ge 2:18-20). Conseguenza di tutto ciò è che il marito necessita nel suo ruolo di riconoscere questo suo stato di bisogno e di aprirsi a ricevere nella verità di Cristo aiuto dalla consorte, la quale agli occhi di Dio gli è accanto come pari, perché è fatta similmente a lui a immagine dell'Eterno. Tale necessità comporta per l'uomo la chiamata a ricercare la presenza di Dio nell'affidarsi al sostegno della moglie, vale a dire a farlo nella verità non nella paura della prevaricazione, timore che lo istiga al dominio, ma al contrario amandola incondizionatamente, in base a come il Signore ha all'origine concepito la coppia, ove la moglie come aiuto è necessariamente un sostegno per il coniuge. Questo implica anche che il marito è chiamato a sottomettersi alla verità valorizzando l'intelligenza della moglie, la sua comprensione e azione nel creato che Dio ha affidato loro come coppia (Ge 1:28), avendoli dotati di intelligenze con caratteristiche tra loro complementari ove differentemente caratterizzate a seconda del genere di appartenenza. Quindi l'affidarsi dei coniugi nella coppia è reciproco, avviene in Cristo ma in modi diversi secondo i ruoli, la donna si affida all'uomo riposandosi in lui come la chiesa fa in Cristo, l'uomo si affida alla donna venendo così sostenuto da una comprensione e percezione della realtà che trascende il suo genere ed è amore, vale a dire gloria di Dio per lui attraverso la donna (1 Co 11:7). L'uomo si deve arrendere a Cristo per sapersi affidare, vale a dire aprire nella verità all'aiuto della moglie, mentre allo stesso tempo è chiamato dal Signore a resisterne la manipolazione. In altri termini è chiamato a aprirsi in Cristo al suo aiuto, altrimenti non può stare nella verità, ma allo stesso tempo anche a chiudersi alla sua manipolazione, il che per lui è ugualmente un mantenersi nella verità.

Il MATRIMONIO STRUMENTO DI SANTIFICAZIONE

Nell'ordine della creazione quando l'uomo e la donna si sposano diventano uno, poiché hanno scelto di costituire una famiglia, istituzione creata a immagine dell'unico Dio, la Trinità, a cui con tale scelta testimoniano di voler somigliare, in quanto secondo i piani originari dell'Eterno ciò che unisce la coppia è l'amore a somiglianza di quello Trinitario. Infatti, l'essere uno di Dio si esprime nella realtà che le tre Persone si amano reciprocamente perfettamente, vale a dire nella verità che Dio è amore proprio perché le Persone e le relazioni in seno alla Trinità sono amore perfetto

(1 Gv 4:8). Tale amore si evidenzia, come abbiamo ripetutamente detto, nel fatto che ciascuna delle tre Persone innalza sempre le altre due e non la propria. Principio analogo secondo il volere di Dio è presente nel matrimonio ove però vi è un problema, che è la natura umana conseguita alla caduta, presente nel credente rinato per il principio del peccato ancora insito in lui e definito carnalità. Quest'ultima, come già detto in precedenza, solo al ritorno di Cristo sarà eliminata, quando saremo simili a lui perché lo vedremo come egli è (1 Gv 3:2), allorché non esisterà più il peccato nella vita del credente,. Nell'attuale fase storica però, compresa tra la prima e la seconda venuta di Cristo, la carnalità invece esiste ancora, tuttavia ora godiamo, per la rinascita in Cristo, della liberazione dal potere del peccato. Infatti, se cadiamo non ci troviamo più nella stessa posizione di Adamo, che per una sola trasgressione perse la gloria della presenza di Dio nella sua vita (Ro 5:12,15), comunione con l'Eterno che il genere umano non poté recuperare fino alla venuta e al sacrificio del Messia. Oggi, poiché il sangue di Cristo è già stato versato e ha autorità sulla vita del credente perché questi ha ricevuto il Signore come Salvatore, se cadiamo non perdiamo la rinascita, la gloria di Dio in noi, ma in virtù del sacrificio di Gesù per la potenza dello Spirito Santo ci rialziamo e continuiamo il percorso di santificazione, per cui il potere del peccato è rotto nella nostra vita. Però il principio del peccato, vale a dire la tendenza a peccare è ancora insita in noi e questi versetti ce lo dimostrano: Ro 7:14-24 *...io sono carnale, venduto schiavo al peccato.....non faccio quello che voglio ma faccio quello che odio,......non sono più io che lo faccio ma il peccato che abita in me, ...mi compiaccio della legge di Dio secondo l'uomo interiore, ma vedo un'altra legge che opera nelle mie membra che combatte contro la legge della mia mente e mi rende prigioniero del peccato che è nelle mie membra.....* Il fatto che il principio del peccato è ancora presente nel credente, lo rende incapace di sperimentare una realtà di vita nell'intimo e nei comportamenti al cento per cento santa, cioè sempre e solo espressione dell'amore

incondizionato di Dio. Oggi non siamo ancora in grado di vivere in questo modo, tuttavia adempiamo pienamente la legge dell'amore perfetto di Dio anche nella nostra vita relazionale, ciò però solo perché *le nostre vite sono nascoste con Cristo in Dio* (Cl 3:3) e il sangue di Gesù ci giustifica costantemente agli occhi dell'Eterno (Ro 5:9). Non siamo quindi inadempienti, soddisfiamo la legge di Dio perchè l'assoluto amore incondizionato di Gesù, manifestatosi nel suo sacrificio, lo ha fatto e lo sta facendo sempre per noi al posto nostro (Ro 5:8). All'atto pratico però il nostro sentire, vivere e agire non è sotto ogni punto di vista, sempre e solo espressione dell'amore incondizionato di Dio. Per fede e per grazia (Ef 2:8 *è per grazia che siete stati salvati mediante la fede*), siamo adempienti verso la legge dell'amore incondizionato del Signore, ma nei fatti stiamo imparando a camminare nello Spirito della verità in cui siamo stati rigenerati. E siccome le relazioni in seno al matrimonio sono state concepite per essere al cento per cento sante, anzi più che mai sante, perché a immagine di quelle in seno alla Trinità, è ovvio che il matrimonio è strumento di santificazione per eccellenza, infatti persegue, in quanto per definizione nell'ordine della creazione è tale, un amore così totale da rendere i due coniugi un'unità a immagine dell'assoluto amore Trinitario, il che si esprime fino ad essere una stessa carne (Ge 2:24).

Per questo la vera unità nel matrimonio si ha solo attraverso la santificazione, che rende l'unione verace e applicata nella verità. In caso di fornicazione il legame matrimoniale si recide, come leggiamo in Mt 19:9 *...chiunque manda via sua moglie, quando non sia per motivo di fornicazione, e ne sposa un'altra commette adulterio.* Ciò avviene perché tale vincolo esiste solo nella verità e quindi è logico che è in essa che va perfezionato.

Vediamo cosa la Parola dice in merito in 1 Co 7:28 *Se prendi moglie non pecchi, e se una vergine si sposa non pecca, ma tali persone avranno* **tribolazione nella carne** *e io vorrei risparmiarvela.*

Abbiamo detto che il matrimonio, poiché istituito a immagine della Trinità, è creato all'insegna dell'unità, si può dire ne è sinonimo. L'egocentrismo subentrato nella natura umana con il peccato originale e presente nella carnalità del credente, è invece sinonimo di separazione, in primo luogo da Dio e poi dai propri simili. Infatti, come ben sappiamo, il modello relazionale dell'essere umano privo delle gloria di Dio è quello del nemico, cioè del dominio sul prossimo, volto a generare contese e di conseguenza separazione. Si può quindi affermare che l'egocentrismo è agli antipodi del matrimonio perché è ostile all'unità. Quanto abbiamo appena detto è ciò a cui si riferisce Paolo quando usa il termine *tribolazione nella carne*. J. MacArthur afferma che la parola tribolazione significa letteralmente "premere assieme" o "compressione", e dice anche che il matrimonio "comprime" assieme due persone la cui natura è segnata dal peccato, in un rapporto di stretta intimità che porta a inevitabili "tribolazioni". Infatti, aggiungiamo noi, il confronto tra le componenti carnali egocentriche, per loro natura aliene e avverse al matrimonio, presenti nei due coniugi, è un qualcosa che attraverso il leale confronto nella verità dell'amore di Cristo deve condurli alla santificazione, dato che lo Spirito della verità dimora in loro (Gv 14:17) suo tempio (1 Co 6:19). In realtà, poiché l'unità matrimoniale è un rapporto consacrato all'Eterno in quanto è a immagine della Trinità, è logico che impegni e obblighi i coniugi a darsi a Dio quali strumenti per la mutua santificazione.

Ciò che brama la carne è inimicizia contro Dio, è scritto in Ro 8:7, e per carne intendiamo l'egocentrica natura umana, il vecchio uomo (Ef 4:22), che non ama Dio né sa farlo, e di conseguenza non ama neanche se stesso e gli altri. Infatti, premessa per attuare il secondo comandamento (Mr 12:31 *Ama il tuo prossimo come te stesso*) è l'adempimento del primo che lo precede e ne è condizione (Mr 12:30 *....ama...il Signore Dio tuo con tutto il tuo cuore, con tutta l'anima tua, con tutta la mente tua, e con tutta la forza tua*). Il matrimonio è a immagine della Trinità, vale a dire è chiamato a esistere esclusivamente nel perfetto amore privo di egocentrismo di Dio, l'agape, allora è evidente che la carnalità e l'egocentrismo nell'unità matrimoniale devono essere offerti sull'altare della santificazione.

Consideriamo ora che l'istituzione del matrimonio, come tutte le cose che fa Dio è per sua natura bellissima. L'Eterno come abbiamo detto ha creato due persone pensandone tre, vale a dire non ha ideato l'uomo e la donna come un'unità chiusa in se stessa, anche se in un certo senso forse si può dire che lo sia, perché l'amore della coppia è esclusivo, ognuno ha un solo marito o una sola moglie, come la Trinità è una sola. Si può però dire che l'unione matrimoniale non è chiusa ma aperta nel senso che non è egocentrica poiché riceve la vita dal trono di Dio ed è volta a terzi, vale a dire a darsi generando prole e curandone la crescita, poiché come abbiamo detto prima, l'unità della coppia non è stata concepita per conoscere e praticare l'egocentrismo, ma nell'ottica Trinitaria d'uno scambio d'amore tra le parti che è sovrabbondante (Gv 10:10 *...vita...in abbondanza*) e perciò tale da aver bisogno di darsi generando a sua volta vita. In ogni ambito dell'esistenza umana nessuno può mettere in dubbio la bellezza di ciò che Dio ha creato a causa dell'incapacità dell'uomo di vivere tale bellezza nella sua pienezza. In tal senso vale per il matrimonio la stessa considerazione che si può fare a proposito della legge mosaica, questa non è meno gloriosa solo perché l'essere umano a causa del peccato originale non è in grado di applicarla appieno con le proprie forze, infatti in 1 Ti 1:8 è scritto: *Noi sappiamo che la legge è buona* e in Ro 7:16 *la legge è buona* e ancora in 2 Co 3:7 *Or se il ministero della morte, scolpito in lettere su pietre, fu glorioso*. Infatti anche il primo patto (Eb 8:13) risplendé della gloria di Dio, tanto è vero che quando Mosé discese per la seconda volta con le tavole della legge dal monte Sinai, *la pelle del suo viso era tutta raggiante*, al punto che i figli di Israele *ebbero paura di avvicinarsi a lui* (Es 34:29-30). In altri termini il valore della legge non dipende dalla misura in cui l'uomo è in grado di applicarla ma dal fatto che questa esprime chi è Dio e la bellezza del suo essere, del suo volere, delle tre Persone della Trinità. Di nuovo il valore della legge non è dato o dettato dal nostro egocentrismo, vale a dire da come si rapporta a noi, dal bene o male che ci fa, che ci procura, ma solo da chi è Dio.

In Ro 8:2 è scritto: *la legge dello Spirito della vita in Cristo Gesù mi ha liberato dalla legge del peccato e della morte*. In Cristo noi abbiamo una grande vittoria sulla e nella legge, poiché Dio col nuovo patto ha annullato la nostra condanna e abolito la parte liturgica della legge che prefigurava il sacrificio di Cristo (Ef 2:13-15 *Cristo...abolì nel suo corpo terreno...la legge fatta di comandamenti*), ma quella morale Dio la sta scrivendo ora nei nostri cuori, come leggiamo in Gr 31:33 *Io metterò la mia legge nell'intimo loro, la scriverò sul loro cuore*; e in 2 Co 3:3 *..voi siete una lettera di Cristo, scritta...non su tavole di pietra, ma su tavole che sono cuori di carne.* Per questo motivo quali credenti rigenerati in Cristo abbiamo in noi connaturata la *legge dello Spirito della vita* (Ro 8:2), con la capacità di vivere i comandamenti di Dio in maniera molto diversa da quella praticata dagli esseri umani spiritualmente morti (Ef 2:5 *...morti nei peccati..*; Ro 3:23 *tutti hanno peccato...*). Coloro che non sono stati vivificati nel Signore per la loro natura adamitica, si pongono necessariamente come autori di vita, perché tale è l'attitudine carnale acquisita con il peccato originale dall'essere umano che si crede in grado di stabilire ciò che è bene e ciò che è male da se stesso e autonomamente da Dio, come scritto in Ge 2:17 *...ma dell'albero della conoscenza del bene e del male non ne mangerai, perché nel giorno in cui ne mangerai per certo morrai.* Vale a dire per certo ti separerai da Dio e ti crederai autore della tua vita, perché questa è la morte spirituale. A causa di ciò i non rigenerati in Cristo percepiscono le prescrizioni dell'Eterno come qualcosa che gli viene dall'esterno, come dimostrato da Es 24:12 *Il Signore disse a Mosè: ...ti darò delle tavole di pietra, la legge e i comandamenti che ho scritto.* Infatti, le tavole di pietra sono al di fuori del cuore dell'uomo e per questo Dio prescriveva al suo popolo modalità per ricordare costantemente la sua legge parlandone, inculcandola ai figli, legandola scritta su piccoli fogli tra gli occhi, alle mani, mettendo delle cordicelle pro memoria al vestiario (De 6:7-9; Nu 15:39) e sempre per questo era così facile scadere nel legalismo per gli ebrei. Le persone non rigenerate in Cristo cercano perciò di adempiere le leggi di Dio inglobandole in se stessi come se ne fossero loro gli autori (De 11:19 *Vi metterete dunque nel cuore e nell'anima queste mie parole*), in quanto **la menzogna della natura adamitica li pone come signori e padroni della propria vita.** Infatti non essendo rigenerati e non avendo perciò in sé connaturata la capacità di soddisfare la volontà di Dio provano a farlo carnalmente, con le proprie forze che sappiamo essere insufficienti a renderci conformi a Cristo (Ef 2:9). Sempre per questo anche i giusti del V.T. necessitano di essere resi perfetti da Dio (Eb 12:23), e il minimo del nuovo patto è maggiore del migliore del vecchio (Mt 11:11).

Invece quando Dio scrive la sua legge in noi è lui dentro di noi, la sua vita che ci ha rigenerati, che produce un nuovo comportamento nel nostro vivere, che è poi di fatto la nostra applicazione della sua legge nello Spirito di verità. In tal modo l'obbedienza umana diventa un frutto della presenza di Dio in noi (Ga 5:22), e si vede così il valore della promessa che Gesù fece agli apostoli dicendo che lo Spirito Santo non sarebbe più stato solo su di loro, ma in loro (Gv 14:17).

Analogamente alla legge la gloria dell'istituzione del matrimonio a immagine della Trinità permane in tutto il suo fulgore e Dio vuole riscriverla nel cuore dei suoi figli avendoli resi partecipi per grazia della natura umana rigenerata a sua somiglianza, perciò santa e a lui consacrata, cioè rivestita della sua gloria.

Quindi anche Paolo in 1 Co 7:28 non denigra il valore del matrimonio, ma sta dicendo cosa questo comporta di non previsto nella sua struttura originaria in quanto estranea al peccato originale. Implicitamente sta indicando che chi si sposa è bene sia consapevole di essersi così reso disponibile davanti al Signore di volere che il coniuge diventi uno strumento di santificazione per la sua vita conformemente all'istituzione del matrimonio. È un mettere mano alla costruzione della torre nel regno di Dio essendo consapevole in una qualche misura dei costi che questa comporta, in modo da non lasciare il lavoro una volta iniziato a metà. In Lu 14:28-30 è scritto: *Chi di voi…volendo costruire una torre, non si siede prima a calcolare la spesa per vedere se ha abbastanza per poterla finire? Perché non succeda che quando abbia posto le fondamenta e non la possa finire, tutti quelli che la vedono comincino a beffarsi di lui, dicendo: "Quest'uomo ha cominciato a costruire e non ha potuto terminare"*. Il versetto citato allude al costo della scelta di seguire Cristo dedicandogli la vita come suoi discepoli, ma quella del matrimonio consacrato a Dio di due credenti è parte integrante di tale scelta. Quindi è necessario essere consapevoli che, sposandosi, si sta scegliendo davanti a Dio che il coniuge sia strumento di santificazione per la propria vita.

Il matrimonio è un patto che si fa davanti a Dio poiché è un'istituzione creata da Lui a sua immagine nel momento in cui creò l'uomo maschio e femmina (Ge 5:2). Per questo quando ci si sposa se non si è atei o si vive in paesi comunisti che lo vietano, generalmente in ogni nazione del mondo si svolge un rito di tipo religioso. Ciò poiché da qualche parte nell'intimo dell'essere umano, esiste la consapevolezza, anche se remota, che si è stati creati ad immagine di Dio e che questa è un'unione che si fa davanti a Lui o quello che si pensa culturalmente Egli sia.

Sempre per il motivo che il matrimonio è un patto contratto al cospetto dell'Eterno, quando due persone scelgono di sposarsi non solo sono chiamate dal Signore a piacersi, il che è un dono santo che include l'attrazione fisica quale anelito all'unità a immagine della Trinità quindi da non vivere nell'impurità, ma sono chiamati come credenti oltre che a piacersi anche a impegnarsi davanti a Dio e l'uno verso l'altro a essere disposti a morire al proprio egocentrismo per amore di Dio e di conseguenza dell'altro. In tal modo s'impegnano a incontrarsi sempre più nella verità che è Cristo (Gv 14:6) e così a conoscersi sempre meglio, perché solo Gesù ci fa essere chi realmente siamo e ci consente in tal modo di conoscerci. Consideriamo che la verità è l'unica realtà che libera (Gv 8:32) e con la libertà cementa l'unione nella verità. Quindi ricapitolando possiamo dire che nella vita matrimoniale è necessario camminare nella verità perché l'unione venga cementata, sperimentando la vera libertà che si conosce solo per lo Spirito di verità (Gv 14:17).

I credenti si sposano sapendo che si uniscono a qualcuno come loro imperfetto per vivere un qualcosa che è a immagine della Trinità! È logico che vivere un tale splendore di relazione concepita a immagine della Trinità mentre si è ancora anche carnali implica la possibilità di scivolare, non dico per chissà cosa, ma anche nel menage quotidiano, nelle piccole cose, e allora è bene essere consapevoli che si è un'unità per aiutarsi reciprocamente a risollevarsi per rimanere in piedi, e a farlo nello spirito di Mt 7:3-5 (*togli prima dal tuo occhio la trave...per togliere la pagliuzza dall'occhio di tuo fratello*). Ciò significa che i coniugi sono chiamati a volersi incontrare nella verità arrendendosi ad essa, vale a dire a sottomettersi allo Spirito di verità (Gv 14:17) per perseguire l'amore di Cristo come descritto in Ef 4:15 ....*ma seguendo la verità nell'amore cresciamo in ogni cosa verso colui che è il capo, cioè Cristo*; in altri termini la via per amarsi passa sempre per la verità.

Colui che è in noi è più forte di colui che è nel mondo è scritto in 1 Gv 4:4, per cui il coniuge che nel suo ruolo in un dato contesto si mantiene nella verità in Cristo mentre l'altro nello stesso contesto non lo fa, per definizione è più forte nella sua spinta propulsiva verso l'alto di quello che cerca di tirarlo giù non seguendo Cristo. È bene tener presente questo fatto perché umanamente parlando si è facilmente tentati di pensarla diversamente.

È naturale che quando ci si sposa vi siano speciali aspettative nella coppia perché si parla di un qualcosa di valore, scegliere di vivere un'unità a immagine della Trinità! Nel caso in cui il sogno poi non si realizzi è perché Dio non è al centro, lui che è l'unica linfa vitale del rapporto, la verità nell'amore (Ef 4:15 *seguendo la verità nell'amore*), colui che può progressivamente attuare la santificazione dei coniugi attraverso la loro relazione, in cui lui si rivela unico collante di vita e autentico autore di vera libertà (Gv 8:32 ...*la verità vi farà liberi*).

Infatti, notiamo che siccome *tutte le cose cooperano al bene di quelli che amano Dio* (Ro 8:28), il Signore usa la carnalità (Ro 7:14) presente nei coniugi per benedirli, facendola diventare nelle sue mani strumento utile per la mutua santificazione, vale a dire per la resa all'Eterno. Agli occhi di Dio quindi il limite della carnalità umana viene trasformato e assume un ruolo positivo, divenendo strumento di reciproca benedizione nella relazione coniugale, per portare entrambi i coniugi a riconoscere il bisogno che hanno di venire trasformati a immagine di Cristo, e di aiutarsi reciprocamente ad arrendersi a lui, sostenendosi spiritualmente a vicenda, ciascuno nel suo ruolo. Chiarisco quanto appena detto illustrandolo con una visione relativa a una profezia concernente una congregazione e altrettanto applicabile alla coppia: come l'acqua del fiume smuovendo i sassolini che ne costituiscono il letto li leviga mentre strusciano l'uno contro l'altro, così Dio attua il miracolo della nostra santificazione usando i limiti dei suoi figli in seno al suo corpo e quindi anche in seno alla coppia.

Di conseguenza è importante percepire il matrimonio nella sua dimensione spirituale e coltivare il rapporto perseguendone la natura non egocentrica (Ga 5:16 *camminate secondo lo Spirito e non adempirete affatto i desideri della carne*), in una comunicazione autentica vissuta nello Spirito di verità (Gv 14:17) per vedere Dio glorificato nella coppia e conoscere così la vera libertà.

Nessuno dei due coniugi è sposato per vedere soddisfatto il suo io egocentrico, e perciò neanche perché il partner sia come lo vorrebbe o piacerebbe a lui o a lei che fosse, perché nessuno dei due è autore di vita, quindi nemmeno di quella del coniuge o della propria. Solo Dio è autore di vita e perciò della loro unione, perché è autore della loro santificazione.

Non è mai l'altro o se stessi al primo posto in un rapporto tra credenti, ma Cristo, vale a dire la volontà di cercare la gloria del Signore nell'onorare il fratello o la sorella nel suo ruolo come persona in seno al corpo della chiesa e ciò al cospetto di Dio. Questo equivale ad amare il prossimo nella verità, il che determina che in tal modo si stia amando anche se stessi, tale principio vale pure nella vita di coppia.

VASI COMUNICANTI

I ruoli e le relazioni in seno alla famiglia, prole inclusa, sono stati da Dio ideati come vasi comunicanti. Questi sono nella fisica dei contenitori, ad esempio delle ampolle, che sono appunto comunicanti, cioè raccordate in modo da consentire il passaggio di fluidi dall'una all'altra, per cui se si versa del liquido in una, automaticamente si riempie anche l'altra allo stesso livello di altezza della prima. E così Dio ha concepito la famiglia, perché versando il suo amore perfetto in uno dei vasi, in particolare quello del capo, come spiegato in precedenza parlando del fiume d'amore, ma anche in tutti gli altri per il loro rapporto diretto con Dio, ogni vaso venisse simultaneamente e altrettanto colmato della presenza del Signore in seno all'istituzione famiglia. Quindi le relazioni in quest'ultima sono state ideate in un modo secondo il quale se Dio versa il suo amore nei vasi umani che la costituiscono, questo riempie tutti parimenti in una circolarità di rapporti d'amore incondizionato a immagine di quelli in seno alla Trinità, e ciò perché l'agape prima del peccato originale poteva riempire la famiglia e quindi le relazioni senza incontrare ostacoli, permeando così tutti della gloriosa presenza di Dio.

Questo per dire che la natura, l'essere e il comportamento di un componente della famiglia, specialmente nell'ambito della coppia, incide subito, o tende a farlo, nella vita degli altri familiari secondo il principio dei vasi comunicanti e ciò sia nel bene, come abbiamo appena descritto, che nel male, poiché la famiglia è un'unità. Nel male ciò determina che se uno dei coniugi non si mantiene nel proprio ruolo, vale a dire nella verità, rende automaticamente più arduo all'altro di farlo nel suo. Tuttavia, come in precedenza accennato, è sempre possibile per il credente in Cristo osservare il proprio ruolo, perchè è scritto che tutto può in Dio che lo fortifica (Fl 4:13). Non è legittimo però negare, come appena spiegato con l'immagine dei vasi comunicanti, che per lui umanamente parlando diviene più arduo farlo, poiché il partner che gli è accanto, non stando nella verità, automaticamente lo sta istigando a fare altrettanto.

Al contrario se i due coniugi si mantengono ciascuno nel proprio ruolo si scambiano, sempre per il principio dei vasi comunicanti vissuto ora nel bene, una qualità di vita che è quella risorta di Gesù e questo li conferma costantemente nella verità, vale a dire in ciò che sono quali persone create secondo il proprio genere nell'ambito dell'unità che formano come famiglia, in altri termini si scambiano vero amore coniugale in Cristo. Questo è un bellissimo cemento che è potentissimo in quanto è testimonianza sulla terra dell'amore Trinitario, perché ne è l'immagine.

Infatti, poiché il credente è incluso nell'abbraccio tra le tre Persone in quanto la sua comunione è con il Padre, con il Figlio (1 Gv 1:3) e con lo Spirito Santo (2 Co 13:13), una famiglia che vive le sue relazioni d'amore a immagine della Trinità, è necessariamente espressione dell'amore del Dio trinitario in terra, colui che anima, guida, da vita, ispira tali relazioni familiari vivendole con e nei suoi figli, suo corpo. Quindi è una testimonianza, come abbiamo detto, veramente potente e significativa in terra in quanto immagine dell'amore Trinitario.

Senza aver ricevuto Cristo come Salvatore la coppia è impossibilitata a vivere i ruoli nella santità, condizione necessaria per conoscere nel rapporto coniugale la vera libertà. Questo poiché l'uomo non ha l'amore di Cristo versato nel suo cuore (Ro 5:5

l'amore di Dio è stato sparso nei nostri cuori mediante lo Spirito Santo che ci è stato dato), che solo gli consente di amare la moglie come Gesù ha amato la chiesa fino a morire per lei (Ef 5:25), e la donna non conosce lo Spirito di verità (Gv 14:17 *lo Spirito della verità, che il mondo non può ricevere perché non lo vede e non lo conosce*), che solo le consente di stare nella verità e perciò di essere un aiuto convenevole per il marito.

Noi abbiamo già detto che ogni cosa è stata creata per mezzo del Figlio e in vista di lui (Cl 1:16), vale a dire nella verità, poiché questa è Gesù, e anche che tutte le cose sussistono nel Figlio (Cl 1:17), cioè sono, esistono in virtù della verità che lui è. Abbiamo anche detto che il Signore ha creato ogni umana autorità (Ro 13:1) per delegargli l'esercizio sulla terra di quella divina, cioè della Sua volontà, vale a dire per affermare il valore assoluto dell'autorità della verità, che è Dio, nel creato. Questo è l'esatto opposto di quello che fa Satana, il *padre della menzogna* (Gv 8:44), nel quale non c'è verità (Gv 8:44), per cui se l'essere umano non esercita l'autorità secondo la volontà delegatagli da Dio e in tal modo ne disconosce il valore, l'abbandona nelle mani del nemico. Notiamo che un marito che domina è un uomo che di fatto spiritualmente ha rinunciato alla sua autorità in seno alla famiglia poiché l'ha delegata a Satana che a sua volta lo domina, infatti la vera autorità si esercita solo nella verità dell'amore di Cristo. Per questo, essendo il dominio dell'uomo presente nel mondo a conseguenza del peccato originale (Ge 3:16b), specialmente se la coppia non è centrata in Cristo ed è irredenta, il rapporto tra marito e moglie facilmente diventa un circolo vizioso articolato come segue. Il marito domina la moglie e così la istiga a essere un aiuto sconvenevole, cioè ad alimentare il suo egocentrismo anziché a aiutarlo a stare nella verità, e la donna, essendo un aiuto non equipaggiato a svolgere tale ruolo poiché priva dello spirito della verità (Gv 14:17), alimenta l'egocentrismo dell'uomo in modo da indebolirne lo spirito al fine, se vi riesce, di manipolarlo. In merito abbiamo già osservato il modello storicamente presente nella nostra cultura che ora ricordiamo. La moglie mentre "innalza" il marito, lo rende dipendente da lei nelle cose minime come un bimbo, tanto da non rispettarlo nel profondo, poiché privo della vera identità e dignità maschile che è quella del gentleman, vale a dire di colui che usa la sua forza per consentirle di riposarsi in lui come la chiesa fa in Cristo (Mt 11:28 *venite a me tutti voi che siete affaticati e oppressi e io vi darò riposo*). Ricordiamo anche che la dignità e l'identità del gentleman è ben diversa da quella di un bimbo. La donna nel profondo del suo essere non stima il suo uomo bambino, lo disprezza, lo sente come un oggettino da manipolare, non rispondente quindi al modello d'uomo che per la natura che Dio le ha data può onorarla, tutto ciò mentre nel frattempo il marito si sente maschio proprio poiché la domina.

Tutto questo per dimostrare ulteriormente come i vasi comunicanti possono esserlo sia in senso positivo che negativo, perché sono il modo in cui Dio ha strutturato la famiglia e le sue relazioni quando l'ha creata.

LA PROLE

Di nuovo consideriamo che a causa del peccato originale l'essere umano, spogliato della gloria di Dio, non più in comunione con lui e non più vestito del perfetto amore della Trinità, non era più in grado nelle sue relazioni familiari di essere pienamente veicolo e espressione dell'amore che procede da Dio. Lo facciamo per notare che venendo di conseguenza a mancare il rispetto reciproco dei vari ruoli in seno alla famiglia, ciò è avvenuto anche nei confronti della prole poiché Gesù definisce malvagi i genitori del mondo pur riconoscendone le buone intenzioni (Mt 7:11 *se voi, che siete malvagi, sapete dare doni ai vostri figli*). Il Signore si espresse in questo modo perché avendo perso la comunione con Dio, ai genitori è venuta a mancare anche quella con i figli in Dio e quindi la capacità di condividere con loro il santo amore incondizionato dell'Eterno.

La scrittura evidenzia che il genitore è in dovere e di educare i figli, ed è chiamato da Dio a farlo disciplinandoli quando necessario, come viene indicato dai numerosi versetti qui riportati: Pr 22:6 *Insegna al ragazzo la condotta che deve tenere, anche quando sarà vecchio non se ne allontanerà*; Pr 13:24 *Chi risparmia la verga odia suo figlio, ma chi lo ama lo corregge per tempo*; Pr 29:17 *Correggi tuo figlio; egli ti darà conforto e procurerà gioia al tuo cuore*; Pr 29:15 *La verga e la riprensione danno saggezza; ma il ragazzo lasciato a se stesso, fa vergogna a sua madre*; Pr 23:13-14 *Non risparmiare la correzione al bambino: se lo batti con la verga non ne morrà; lo batterai con la verga, ma lo salverai dal soggiorno dei morti*; Pr 19:18 *Castiga tuo figlio, mentre c'è ancora speranza, ma non lasciarti andare sino a farlo morire.*

La sottomissione del bambino ai genitori e la loro chiamata a educarlo, è da intendere in questo modo: il padre e la madre insegnano, riprendono, correggono e puniscono il bambino solamente per indurlo con l'amore di Dio a sottoporsi in primo luogo all'Eterno, la verità, affinché viva, cosa per la quale il genitore è all'origine uno strumento del Signore, come ogni altra umana autorità (Ro 13:1), che è chiamato a esercitare sottoponendosi lui stesso in primo luogo alla verità. È esclusivamente in tal modo che ha senso l'autorità che il genitore ha sul bambino, ce l'ha affinché non si aggravi la connaturata inclinazione a peccare di questi, determinata dal peccato originale, ma al contrario ne vengano arginati gli effetti attraverso la disciplina. Infatti è scritto in Pr 22:15 *La follia è legata al cuore del bambino, ma la verga della correzione l'allontanerà da lui.* La follia è legata al cuore del fanciullo perché questo è nato con una natura sporcata e compromessa dal peccato originale, e così il bimbo non sa cosa è la santità, ma proprio per questo l'educazione serve a indirizzarlo verso la verità.

Il fine di Dio, sappiamo, è quello di uno scambio d'amore incondizionato tra le tre componenti della famiglia (genitori e prole) in quanto creati a immagine della Trinità, infatti la reciproca dipendenza nei diversi ruoli delle tre componenti della famiglia è stata ideata per esser vissuta in uno stato di condivisione della gloria di Dio, cioè di reciproco e incondizionato amore. Difatti solo così la famiglia ha senso nell'ordine della creazione, perché in tali termini è stata concepita da Dio.

Però come nel matrimonio la componente carnale derivata dal peccato originale insita nel credente, pone la necessità ai coniugi di essere nel rapporto di coppia strumenti di Dio per la mutua santificazione, così la caduta determina la necessità per i genitori di amare i figli disciplinandoli secondo verità al fine di sottrarli il più possibile alla follia del peccato. In tal modo i coniugi aprono ai loro figli una via nel deserto del mondo, la via al ravvedimento, alla stregua di Giovanni Battista, via che viene descritta in Lu 3:4 *Voce di uno che grida nel deserto: "Preparate la via del Signore, raddrizzate i suoi sentieri."* I genitori fanno ciò affinché un domani, avendo la maturità per poter scegliere, la loro prole possa accettare la salvezza in Cristo e consacrarsi a lui.

Anche Dio si trova a dover disciplinare il credente per la componente carnale insita nella sua natura, in una posizione simile e paragonabile a quella del genitore che è chiamato a farlo con il figlio, come evidenziato in Eb 12:5-11 ....*avete dimenticato l'esortazione rivolta a voi come a figli: "Figlio mio, non disprezzare la disciplina del Signore, e non ti perdere d'animo quando sei da lui ripreso; perché il Signore corregge quelli che egli ama e punisce tutti coloro che riconosce come figli". Sopportate queste cose per la vostra correzione. Dio vi tratta come figli; infatti quale è il figlio che il padre non corregga? Ma se siete esclusi da quella correzione di cui tutti hanno avuto la loro parte, allora siete bastardi e non figli. Inoltre abbiamo avuto per correttori i nostri padri secondo la carne e li abbiamo rispettati; non ci sottometteremo forse molto di più al Padre degli spiriti per avere la vita? Essi infatti ci correggevano per pochi giorni come pareva loro opportuno, ma egli lo fa per il nostro bene affinché siamo partecipi della sua santità. È vero che qualunque correzione sul momento non sembra recar gioia, ma tristezza; in seguito tuttavia produce un frutto di pace e di giustizia in coloro che sono stati addestrati per mezzo di essa.* La correzione di Dio quale strumento di santificazione in seno alla coppia fa anch'essa parte di questa realtà disciplinare.

Notiamo inoltre che secondo quanto scritto in 1 Co 7:14 i figli sono santificati nei genitori: *Perché il marito non credente è santificato nella moglie e la moglie non credente è santificata nel marito credente, altrimenti i vostri figli sarebbero impuri, ma ora sono santi.* Il fatto che la famiglia è un'istituzione trina a immagine della Trinità la rende in primo luogo un'unità spirituale per cui i figli sono santificati nei coniugi credenti, vale a dire la rinascita e consacrazione a Cristo di quest'ultimi è strumento grazie al quale la loro prole, pur non ancora salvata, gode della protezione del sangue di Gesù Cristo durante la sua vita.

Poiché tutto il mondo giace nel maligno (1 Gv 5:19), se un non credente genera un figlio, i demoni che da generazioni hanno autorità sulla sua famiglia e ascendenza ce l'hanno anche da subito sul nascituro, mentre un bambino nato da persone rigenerate in Cristo si trova sin dal concepimento sotto la protezione del sangue di Gesù, perché i demoni non hanno autorità su quella casa poiché il sangue di Cristo gliel'ha tolta.

Riguardo alla prole consideriamo ancora questo aspetto: la Parola severamente vieta di maledire i propri genitori, ciò avviene perché è attraverso di loro che Dio da i natali a ogni essere umano, vale a dire gli elargisce il dono della vita. Infatti, come abbiamo detto in precedenza, il Signore usa la coppia come materia prima per creare i figli, vale a dire si vale della loro volontà di unirsi (Gv 1:13), dei loro cromosomi, delle loro caratteristiche fisiche e psicologiche per formare una prole che somigli loro, la quale quindi è già in questi potenzialmente presente. Disprezzare i genitori è come disprezzare Dio che ci da la vita attraverso di loro, perché all'origine siamo nati e stati ideati dal Signore come un'unità familiare con loro e ciò a immagine della Trinità. Per questi motivi chi malediva i genitori doveva, nel Vecchio Testamento, essere punito con la morte (Es 21:17 *Chi maledice suo padre e sua madre deve essere messo a morte*; Mr 7:10).

LA COMPONENTE FISICA DELL'AMORE CONIUGALE

L'amore coniugale è a immagine della Trinità, perciò è un amore di tipo spirituale ove la componente fisica è importantissima, poiché suggella il costituirsi di una famiglia agli occhi di Dio.

Il fatto che la sessualità umana è a immagine dell'**unità spirituale** della Trinità, fa si che con l'atto della copulazione le potenze spirituali demoniache che hanno autorità su un ceppo familiare, automaticamente acquisiscono diritti sulla persona dell'altro ceppo con cui avviene l'accoppiamento, essendo quell'atto previsto nell'ordine della creazione per istituire famiglie. Questo spiega in una qualche misura anche come mai non solo le benedizioni ma anche le maledizioni di Dio sono generazionali, è infatti scritto in Es 20:5 *...sono un Dio geloso: punisco l'iniquità dei padri sui figli fino alla terza e quarta generazione e uso bontà fino alla millesima generazione.* Ciò avviene poiché le famiglie sono create a immagine della Trinità e in quanto tali costituiscono un'unità agli occhi di Dio, in modo simile a come la Trinità è un unico Dio. Ovviamente la grazia di Dio per il sangue di Gesù in virtù della salvezza in Cristo ha il potere di recidere ogni tipo di legame generazionale.

Abbiamo così constatato che il ruolo del corpo umano nel contesto della creazione di Dio è estremamente significativo, per questo voglio fare ora una breve digressione al fine di chiarirlo ulteriormente. Ci varremo a tale proposito di un paragone che evidenzierà le differenze presenti nell'ordine della creazione tra gli angeli e gli esseri umani.

In Genesi 3 leggiamo che Satana, un angelo caduto, riuscì a far peccare Adamo ed Eva a cui Dio aveva affidato sulla terra la sua creazione. Anche da questo punto di vista è per noi importante comprendere come Dio ha concepito gli angeli quando li ha creati, considerato che uno di questi, dopo esser caduto, concorse a segnare profondamente la storia dell'umanità. Questi sono esseri esclusivamente spirituali che quindi non hanno una consistenza corporea, e in quanto tali sono stati dotati da Dio di poteri soprannaturali. Confermiamo quanto appena detto osservando che in Es 7:10-11, quando Dio trasformò in presenza del faraone il bastone d'Aronne in un serpente, i maghi del sovrano attuarono con i loro bastoni lo stesso prodigio, ciò fu possibile poiché i demoni, in qualità di angeli caduti, continuano ad avere poteri soprannaturali. Vediamo inoltre che gli angeli hanno continuo accesso al trono di Dio (Ap 5:11; Gb 1:6; Gb 2:1), e anche che a differenza dell'uomo non sono soggetti in caso di caduta alla morte, poiché non hanno una consistenza corporea che possa divenire mortale. In quanto esseri solo spirituali gli angeli sono stati creati da Dio di poco superiori all'uomo (Eb 2:6-7), benché atti a servirlo (Eb 1:14). Dio saggiamente aveva dotato quest'ultimo di un'esistenza anche fisica rendendolo così di poco inferiore a loro, come leggiamo in Eb 2:6-7 *..l'uomo... tu lo hai fatto di poco inferiore agli angeli; lo hai **coronato di gloria*** (di cui era vestito in Eden) *e di onore e lo hai costituito sopra l'opera delle tue mani* (la creazione). Questi versetti in Ebrei sono una citazione del Sl 8:5-8 in cui viene descritta la posizione dell'uomo in seno alla creazione sia celeste che terrena di Dio, l'uomo è di poco inferiore agli angeli ed è posto al governo della creazione terrena. A conseguenza di quanto ora detto Gesù, incarnandosi, fu anche lui necessariamente *fatto di poco inferiore agli angeli* (Eb 2:9 *Vediamo colui che è stato fatto di poco inferiore agli angeli, cioè Gesù*), poiché assunse la nostra natura adamitica, infatti in 1 Co 15:45 viene definito *l'ultimo Adamo.*

Notiamo che gli esseri umani avendo dei corpi si possono sposare e riprodurre, cosa che gli angeli non possono fare. Ed è così che Dio ha potuto attuare la salvezza dell'uomo (mentre gli angeli non possono venire salvati) e ripristinare realizzandolo il suo piano originario per lui, poiché avendogli dato una discendenza il Signore si poté incarnare divenendo autore di redenzione per l'umanità.

Quindi Dio concependo l'essere umano a immagine della Trinità in una forma anche corporea ha trovato il modo di poter redimere l'umanità. Questa fu la promessa a favore del genere umano insita nella maledizione pronunciata contro il serpente, vale a dire contro l'autorità demoniaca e riportata in Ge 3:15 *Io porrò inimicizia tra te e la donna, e fra la tua progenie e la progenie di lei; questa progenie ti schiaccerà il capo e tu le ferirai il calcagno.* Grazie all'adempimento di tale promessa Gesù oggi è il vero rappresentante dell'umanità nei cieli presso il Padre, infatti viene definito in Cl 1:18 *il primogenito dai morti,* in Ro 8:29 *il primogenito tra molti fratelli* e in Ro 8:34b *colui che è morto e, ancor più, è resuscitato, è alla destra di Dio e anche intercede per noi.* Vale a dire attualmente Gesù è un uomo come noi in cielo alla destra del Padre, anche se allo stesso tempo ha di nuovo appieno tutta la gloria che aveva *prima che il mondo fosse* (Gv 17:5), cioè ha riassunto nuovamente tutte le prerogative divine di cui per incarnarsi si era parzialmente svestito (Fl 2:6 *...il quale, pur essendo in forma di Dio, non considerò l'essere uguale a Dio qualcosa a cui attaccarsi gelosamente, ma svuotò se stesso prendendo forma di servo, divenendo simile agli uomini*). Vediamo così che Gesù dopo la sua resurrezione è divenuto anche in qualità d'uomo e non solo di Dio, di tanto superiore agli angeli, come viene definito in Eb 1:4 *dopo aver fatto la purificazione dei nostri peccati si è seduto alla destra della Maestà nei cieli altissimi, così è divenuto di tanto superiore agli angeli.* Infatti è detentore di ogni autorità su ogni potenza spirituale e anche sulla morte, come è scritto in 1 P 3:22 *...la resurrezione di Gesù Cristo, il quale è andato in cielo ed è alla destra di Dio, dove gli sono sottoposti angeli, potestà e potenze;* e come inoltre si può leggere in 2 Ti 1:10 *...ha distrutto la morte e messo in luce la vita e l'immortalità.* Noi condividiamo in lui, in un certo qual modo, questa sua posizione in autorità sulla creazione, vale a dire partecipiamo alla sua vittoria perché le nostre vite sono state vivificate nella sua resurrezione (Ro 6:1-11), anche se non siamo ne saremo mai Dio, le Persone della Trinità. Siamo infatti il corpo del Figlio, la sua chiesa (Mt 16:18), ma solo lui ne è il capo e noi non ci potremo mai sostituire a lui in tale ruolo in seno ad essa, per cui pur essendo fratelli del Signore lui è Dio e noi non lo siamo. Com'esseri umani in Cristo e suoi fratelli il Signore però ci fa condividere la sua autorità, se sottomessi a Lui quale suo corpo, vale a dire stando nello Spirito di verità, in totale dipendenza da lui, come lui dipendeva nel suo cammino terreno dal Padre facendo solo quello che gli vedeva fare (Gv 5:1 *il Figlio non fa nulla da se stesso se non quello che vede fare dal Padre*), come suoi canali, lo seguiamo nell'esercizio della sua autorità. Tutto ciò è comprovato dal fatto che parte del mandato del credente riportato in Mr 16:17 consiste nello scacciare nel nome di Cristo i demoni e per farlo ogni figlio di Dio in virtù della rinascita è stato posto in una posizione nel Signore in autorità rispetto a loro, angeli caduti.

Con questi corpi che hanno un tale ruolo e una simile dignità nell'ordine della creazione, viene vissuto in seno alla coppia la componente fisica dell'amore coniugale.

Il discorso che abbiamo fatto in precedenza dicendo che il matrimonio è stato creato da Dio prima del peccato originale, quindi non in funzione dell'egocentrismo umano subentrato con la caduta e che di conseguenza le relazioni coniugali sono state ideate per essere vissute con amore incondizionato e in un'attitudine di autentico servizio reciproco nel rispetto dell'altrui e proprio ruolo, tale discorso vale anche per l'aspetto fisico del rapporto di coppia, poiché questo va vissuto a immagine della Trinità e quindi non egocentricamente ma cercando in primo luogo la manifestazione della gloria di Dio in seno alla coppia nel rispetto delle differenze sessuali e dei diversi ruoli.

Abbiamo già in precedenza descritto, parlando del bisogno maschile della donna, come il peccato originale ha scardinato la vita sessuale dalla vera libertà propria dell'amore coniugale incondizionato e esclusivo (un solo uomo per una sola donna e viceversa), creato dal Dio Trinitario a sua immagine, introducendovi l'egocentrismo e proiettandola fuori dal vincolo matrimoniale, con gli esiti che abbiamo visto nel corso dei secoli come il mestiere più antico del mondo, la prostituzione.

L'intensità del bisogno che l'uomo ha della donna, scorporato dalla santità, cioè da essere tale bisogno espressione della sua necessità di onorarla amandola incondizionatamente in Cristo fino a morire per lei consentendole così di essere il canale di gloria che Dio vuole destinargli (1 Co 11:7), porta ad esiti aberranti come ad esempio nel corso della storia la creazione di bordelli.

È ovvio che per l'uomo è essenziale veder ricomposto in Cristo il suo istinto sessuale, come parte integrante del suo bisogno di approcciare la donna non egocentricamente ma santamente, ove la componente spirituale dell'amore irrora quella fisica e consente di raggiungere vette di unità in cui la componente fisica della gioia e del piacere dei coniugi potentemente suggella l'unione poiché è espressione di reale amore, in quanto vissuta in termini di onesta, non egocentrica comunicazione.

La parola di Dio impiega in ebraico due termini per indicare la copulazione, in Ge 4:1 è scritto che Adamo **conobbe** Eva quando si unirono, mentre al di fuori del matrimonio la Bibbia per la copulazione usa il termine **giacque** (Ge 34:2 Sichem violenta Dina figlia di Lea e Giacobbe, 2 Sa 13:11 Tamar violentata da Amnon, Traduzione Interlineare Italiana R. Reggi EDB).

Quindi per l'uomo non si tratta di avere la donna, come facilmente gli spiriti d'impurità lo ispirano a fare, per soddisfare il mero desiderio fisico secondo un'ottica egocentrica, ma di **conoscerla**. Per cui nel cercare una compagna per l'unione fisica è chiamato ad avere una moglie per darle tutto lo spazio che si da a un'altra persona al fine di volerla in primo luogo conoscere e non certo solo avere. Infatti nel rapporto sessuale l'unione fisica è funzionale a una comunione che porta a una conoscenza del coniuge che nel corso di una vita matrimoniale si fa sempre più approfondita. Per conoscere sessualmente non ci deve essere solo l'appagamento fisico ma una comunicazione d'amore e in tal senso e all'interno di questo, l'appagamento fisico. Infatti l'uomo e la donna non solo dal punto di vista fisico sono concepiti come un organismo unitario che di per se stesso istituisce la famiglia, ma tutte le componenti morali, affettive, spirituali delle loro personalità sono destinate a formare tale unità in quanto sono persone, e come le tre persone della Trinità sono unite in tutto pur essendo distinte e la vita sessuale è funzionale a conseguire alte vette di unità nella gioia e sacralità dell'amore fisico.

Il deprezzamento (anche nel senso di vergogna) dell'atto sessuale veramente è un segno che siamo privi della gloria di Dio e perciò della caduta, perché Dio lo ha inteso come espressione più alta dell'amore coniugale, di unità, e di sempre più profonda conoscenza del coniuge.

Il fatto che nella società di oggi ci sia tanta confusione, assurdità sull'identità sessuale degli esseri umani come con l'omosessualità, la transessualità ecc., ci mostra quanto non ci rendiamo conto di chi è Dio alla cui immagine siamo stati fatti.

La sessualità maschile e femminile sono diverse, è scritto che Adamo conobbe Eva e non viceversa, ed anche che la moglie è un dono per il marito (Pr 18:22 *Chi ha trovato moglie ha trovato un bene e ha ottenuto un favore dall'Eterno*). L'uomo è chiamato a ricevere questo dono della sessualità di sua moglie secondo il modello Trinitario, non cercando in primo luogo egocentricamente il proprio appagamento. Da gentleman amerà la moglie fino a morire per lei (Ef 5:25), cioè rinunciando a se stesso per spacchettare il dono della sessualità femminile della consorte e scoprirne tutte le straordinarie, pure, intense e profondissime potenzialità di gioia diverse dalle sue ma non meno straordinarie, in modo da consentire a sua moglie anche in tal senso di essere per lui quel dono di gloria che Dio gli destina e che, non operando in questo modo, non le permetterebbe di essere per lui, ma rifiuterebbe nella sua unicità e bellezza, non raccogliendo ma disperdendo (Mt 12:30) e non consentendo all'amore fisico di essere veicolo di grandi benedizioni per suggellare la propria unità matrimoniale col vincolo della perfezione di Dio (Cl 3:14 *...vestitevi dell'amore che è il vincolo di perfezione*). Scoprirà così sempre più la profondità della componente spirituale dell'appagamento fisico maschile. Tutto ciò rientra sempre nell'onorare la propria sposa, il vaso più delicato (1 P 3:7) e in tal senso essendo quella femminile una sessualità diversa dalla sua è bene pure, se necessario, che si documenti o che la scoprano insieme.

Se tutto ciò non avviene la moglie è chiamata in primo luogo ad esserne consapevole, perché quale aiuto convenevole deve promuovere il trionfo della verità (nell'amore) a tutti i livelli della vita coniugale, per far questo ci vuole onestà e consapevolezza. Tuttavia la donna potrebbe non avere quest'ultima perché la sua sessualità è appunto un dono da spacchettare e che lei tende a scoprire e a vivere pienamente se in tutte le componenti della sua personalità, affettive, morali, spirituali, fisiche viene amata, onorata, corteggiata dal marito suo capo nel vivere quotidiano. Infatti sapersi amata la porterà ad aprirsi per darsi quale dono di gloria per lui vivendo appieno tale gioia, lasciandosi spacchettare e scoprire, conoscere appunto sotto ogni punto di vista. Come insegna Cantico dei Cantici il corteggiamento nella vita coniugale è per sempre, è espressione del bisogno del gentleman di amare e onorare la sua compagna ogni giorno e di scoprire e ricevere il fiume che scaturisce dal contraccambio di tale dono di sé.

Essenziale è la comunicazione, conoscersi significa comunicare, dirsi la verità anche in merito alla gioia dell'amore fisico, vegliando che non ci sia il tentativo di degradare il matrimonio (il che è impossibile poiché istituito da Dio) a etichetta per legittimare qualcosa che di fatto è un giacere anziché un conoscere. Chi ha avuto un passato libertino e poi si converte e si sposa dovrà imparare a non cercare sua moglie quale oggetto di piacere, ma nel timore di Dio a approcciarla anche per quel che concerne la sessualità in primo luogo come persona da onorare svestendosi del proprio egocentrismo.

Come abbiamo detto se la donna non viene onorata nella sua sessualità femminile in seno alla coppia potrebbe in una qualche misura non esserne consapevole, non sapere quali sono le sue potenzialità, ma in ogni caso che ne sia consapevole o meno questo può far germogliare nel suo intimo una profonda e duratura insoddisfazione con tutte le conseguenze che ciò può determinare nella stabilità della vita di coppia. Questo avviene perché in tal modo è negletta dal marito, che così facendo non la sta onorando e amando come Gesù ama la chiesa fino a morire per lei.

Come non ci possiamo reinventare il ruolo del coniuge rendendolo diverso da come Dio lo ha inteso per volerlo conforme agli stereotipi dei modelli culturali, senza nel profondo subire il danno di tale menzogna, così è se l'amore fisico di coppia non è conforme a verità e il vaso più delicato non viene onorato quale dono non ricercandone la gioiosa, totale, partecipata soddisfazione. Un coniuge uomo che fisicamente non ricerca questo sarà forse appagato nella carne ma non nello spirito, perché gli sarà mancata la condivisione e visione nella moglie della gloria che Dio vuole donargli attraverso di lei, poiché gliela ha affidata rendendolo suo capo. Ma se invece lo farà il suo appagamento fisico avrà una qualità di gran lunga superiore, perché ne conoscerà la dimensione spirituale per la gloria di Dio manifesta nella gioia di sua moglie, gloria che gli viene donata attraverso di lei. Nell'atto sessuale Adamo riceve Eva come dono (Pr 18:22), è chiamato a conoscerla (Ge 4:1), è chiamato a onorarla (1 P 3:7).

Spesso si sentono testimonianze, anche di credenti, che la donna cerca solo affetto dal marito mentre questi vuole soprattutto l'amore fisico, in tal caso il dono non è stato spacchettato. Ed è un vero peccato perché tale amore vissuto scevro di egocentrismo come Dio l'intende, proprio perché così è conforme alla sua volontà, diventa vincolo di perfezione (Cl 3 :13) e in tal modo unisce la coppia in profondità, perché viene riconosciuto e vissuto nella sua valenza spirituale, cementando in tal modo l'unione. Si avvera così una profonda conoscenza della moglie da parte del marito e un totale affidarsi della consorte al coniuge chiamata a riposarsi in lui come la chiesa in Cristo, con una reciprocità nell'unità vissuta da ciascuno nel proprio ruolo e attuabile solo in seno al matrimonio.

LA MORTALITÀ E LA SESSUALITÀ

Ora consideriamo che il corpo umano, essendo mortale (Ro 6:23 *il salario del peccato è la morte*; Ro 3:23 *tutti hanno peccato e sono privi della gloria di Dio*; Ro 8:11 *i vostri corpi mortali*), ha connaturata in sé l'incapacità di condividere la gloria di Dio che infatti gli è letale perché non può stare alla presenza di Dio e vivere, secondo quanto l'Eterno disse a Mosé: *l'uomo non può vedermi e vivere*, Es 33:20. Ciò avviene poiché la morte è una potenza demoniaca, come evidenziato da Ap 6:8, difatti il Signore resuscitando l'ha sconfitta (2 Ti 1:10 *Gesù Cristo...ha distrutto la morte*); ne risulta che la mortalità è estranea alla natura di Dio e di conseguenza contamina l'uomo il quale non può presentarsi all'Eterno da questa macchiato. Tale fatto spiega come mai ad Aronne non fu permesso piangere due dei suoi figli, deceduti per il giudizio di Dio seguito alla loro disubbidienza, se lo avesse fatto, si sarebbe lui stesso procacciato una simile punizione (Le 10:6-7). Infatti, il sommo sacerdote in ottemperanza alla sua chiamata doveva rimanere il più possibile idoneo a presentarsi alla presenza di Dio, vale a dire non contaminato, quindi consacrato poiché unto dall'Eterno (Le 21:10-12 *Il sommo sacerdote...non si straccerà le vesti. Non si avvicinerà ad alcun cadavere; non si renderà impuro nemmeno per suo padre e per sua madre*).

Abbiamo messo in una qualche misura a fuoco la mortalità del fisico per evidenziare che questa natura ha delle conseguenze pure nella sfera sessuale, in quanto l'essere umano nasce con un corpo non in grado di sperimentare appieno la gloria di Dio anche in tale ambito, vale a dire secondo come all'origine l'Eterno aveva ideato la sessualità per dei fisici non mortali. Infatti, quest'ultima è stata concepita prima del peccato originale alla luce della vita che non perisce, non caduca, vissuta totalmente e liberamente alla presenza di Dio, compiutamente partecipe della sua gloria.

Come però per quel che concerne la salute fisica da rigenerati in Cristo scopriamo che il nostro corpo, pur essendo ancora mortale, non è soggetto alla mortalità (Gv 11:25 *chi crede in me anche se muore vivrà e chiunque vive e crede in me non morirà mai*), poiché nel Signore non esistono patologie incurabili, avendo Lui vinto la morte distruggendola (2 Ti 1:10 *ha distrutto la morte e messo in luce la vita e l'immortalità*; 1 P 2:24 *nelle sue lividure siete stati guariti*), così la dimensione dell'amore fisico nel rapporto di coppia può, ricercando la presenza di Dio, ritrovare spazi che la caduta ha velato quanto a ricezione della gloria di Dio in seno alla relazione di coppia, e che si possono rivelare sorprendenti perché non più oscurati dalla mortalità.

IL SEME UMANO

NELLA CREAZIONE IL SEME UMANO PER LA SUA SACRALITÀ E CENTRALITÀ È SIMBOLO DELLA PAROLA E FIGURA DELLA VITA

Consideriamo che come sommo artista Dio, creando la coppia ad immagine della Trinità, l'ha concepita in modo da visualizzare nella fisicità umana il fatto che solo Lui è la vita.

Nell'ordine della creazione l'uomo è il portatore del seme, mentre la donna è la ricevente. Notiamo però che quest'ultimo non appartiene a nessuno dei due generi, vale a dire non è in primo luogo proprietà di chi lo porta, e neanche di chi lo riceve, perché al centro del rapporto di coppia da Dio concepito, come ben sappiamo, non egocentrico, non vi è né l'uomo né la donna ma Dio, Colui che è la vita (Gv 14:6), la sua gloria.

Nella dimensione naturale del creato il seme umano è, infatti, figura della centralità del Signore nel matrimonio, perché con esso Dio crea vita **a Sua immagine**, dando origine a nuove esistenze umane valendosi della fecondazione nell'atto sessuale. Nel concepimento l'ovulo è altrettanto essenziale, ma non è quest'ultimo che feconda, bensì esso viene fecondato, vale a dire riceve vita per concorrere a originarla.

La centralità di Dio nella coppia quindi si esprime anche fisicamente e in modo concretamente figurato nel seme, che nel creato sul piano naturale è simbolo per eccellenza della Parola, con la quale Dio da origine alla vita a tutti i livelli, come leggiamo nei seguenti versetti:

- *Ogni cosa è stata fatta per mezzo di lei* (la Parola) *e senza di lei neppure una delle cose fatte è stata fatta* (Gv 1:3)
- *Or questo è il significato della parabola* (del seminatore): *il*

seme è la parola di Dio (Lu 8:11)

- *rigenerati...da seme...incorruttibile...cioè mediante la Parola vivente e permanente di Dio* (1 P 1:23).

In 1 Co 15:46-47 è scritto: *ciò che è spirituale non viene prima; ma prima, ciò che è naturale; poi viene ciò che è spirituale. Il primo uomo tratto dalla terra è terrestre; il secondo uomo, il Signore, è dal cielo.*

Basandoci su questo versetto possiamo dire che anche per quel che concerne la fecondazione, Dio pone in essere la vita prima a livello naturale, e solo poi pure spirituale. La venuta al mondo del Salvatore avvenne per un seme umano creato miracolosamente da Dio con il quale Egli fecondò Maria (Lu 1:30, 35 *tu concepirai...lo Spirito Santo verrà su di te*); è per questo che essendo Gesù la Parola attraverso cui ogni cosa è stata creata (Gv 1:3), quindi pure il suo stesso seme, il Figlio di Dio si incarnò e non fu creato, ma generato dal Padre. (Eb 1:5 *"Tu sei mio Figlio, oggi ti ho generato"*; Gv 1:14 *La Parola si è fatta carne*). Notiamo che se sacro è il seme adamitico, quanto più lo è il seme della promessa!

Analogamente noi veniamo fecondati dalla Parola se ricevendola siamo in Lei rigenerati divenendone figli e nascendo così da Dio (Gv 1: 12 *...a tutti quelli che l'* (la Parola) *hanno ricevuto egli ha dato il diritto di diventare figli di Dio...i quali non sono nati da sangue...., ma sono nati da Dio*; Gv 3:8 *...nato dallo Spirito*; 1 P 1:23 *siete stati rigenerati non da seme corruttibile, ma incorruttibile, cioè mediante la Parola vivente e permanente di Dio*).

Riassumendo possiamo affermare che Dio, che è la vita, esprime fisicamente e visivamente a livello naturale la sua gloriosa centralità nella coppia nella sacralità del seme (Ge 38:9-10), e notiamo che è per questo che esiste la verginità, perché il seme è sacro e va accolto nella purezza, simbolo della consacrazione alla vita.

Per sottolineare la sacralità del seme notiamo ancora che la componente mortale adamitica della natura di Cristo, la quale determinò il fatto che il Messia si incarnò in un corpo che poteva morire, (Ro 8:3 *in carne simile a carne di peccato*), gli venne trasmessa primariamente attraverso l'ovulo di Maria (Lu 1:30 *tu concepirai*) e non dal seme con cui Dio miracolosamente lo generò nel grembo femminile. Infatti, la promessa del Messia fu fatta alla progenie della donna e non dell'uomo (Ge 3:15 *Io porrò inimicizia tra te e la donna, e fra la tua progenie e la progenie di lei: questa progenie ti schiaccerà il capo e tu le ferirai il calcagno*), perché per attuarla Dio avrebbe utilizzato l'ovulo di Maria e non il seme di Giuseppe. Gesù quindi nasce dall'ovulo di una donna che porta in sé tutta la storia dell'umanità caduta e dal seme – miracolosamente concretizzato da Dio nel suo seno – che è esente dalla storia del peccato, tanto è vero che il Messia è definito il santo, l'unico giusto (Lu 1:35 *...colui che nascerà sarà chiamato Santo*; At 22:14 *il Giusto*). Vediamo così che in tale contesto il seme è più che mai figura della vita perché dal seme con cui Cristo si incarna Dio ha dato il Salvatore, vale a dire Colui che è la vita, in forma visibile al mondo (Gv 14:6; Gv 3:16).

LA NUDITÀ

Quanto sopra detto sulla sacralità e centralità del seme è comprovato dal fatto che il senso di nudità, seguito immediatamente alla caduta (Ge 3:7), vale a dire all'essere divenuti spogli della gloria di Dio (Ro 3:23), concerne in primo luogo i nostri organi genitali.

Notiamo a tale proposito quanto segue, l'anelito dei generi l'un verso l'altro dando luogo all'innamoramento rivela l'aspirazione umana di formare un'unità a tutti i livelli col partner per condividere assieme la vita. Dal punto di vista fisico tale anelito sottende il desiderio di vivere insieme la propria sessualità, il che genera nel matrimonio il passaggio del seme, come abbiamo detto simbolo di vita e della centralità di Dio nella coppia, vivendolo l'uno come portatore e l'altra come ricevente. Con la caduta, vale a dire l'impurità spirituale dell'essere umano dovuta alla separazione da Dio e al dominio del nemico su di lui (1 Gv 5:19), l'umanità ha creduto e sentito la sessualità come un qualcosa di proprio, dove Dio non regna più con la sua gloriosa presenza (come del resto anche negli altri aspetti dell'umana esistenza) e così è sorta la nudità, il senso di sentirsi scoperti proprio nel luogo dal punto di vista fisico per eccellenza deputato a dare gloria a Dio generando vite a sua immagine. Da ciò si comprende che tale sensazione vergognosa si origina in primo luogo davanti a Dio per il fatto di vivere nell'intimo senza la sua presenza e gloria (Ro 3:23 *tutti hanno peccato e sono privi della gloria di Dio*; Ge 3:7,10) e solo in seguito a ciò la si sperimenta nei confronti del prossimo.

È per questo che sacerdoti quali Aronne e i suoi figli per avvicinarsi all'altare con lo scopo di fare il servizio nel luogo santo dovevano indossare come paramenti anche *delle mutande di lino per coprire la loro nudità...perchè non si rendessero colpevoli e non morissero* (Es 28:42-43). Analogamente i rapporti sessuali non dovevano aver luogo in tempi di particolare dedicazione a Dio, (*Mosè...disse al popolo: "Siate pronti fra tre giorni; non accostatevi a donna"* Es 19:14-15; Le 15:16-18), ciò poiché con la caduta il corpo è stato dissacrato, vale a dire non ha svolto più la funzione di tempio di Dio (1 Co 6:19), luogo di dimora dello spirito umano in comunione con le tre Persone, ma è divenuto mortale, cioè dominato da Satana e suo strumento per tenersi soggetta l'umanità (1 Gv 5:19).

LA SESSUALITÀ CANALE DI GLORIA

Abbiamo detto che il senso di nudità rivela come gli organi genitali in particolare sono stati spogliati con il peccato originale della gloria di Dio. Ora notiamo anche che quest'ultima li destinava in origine a generare vite umane perché fossero investite – da parte di Dio, tramite i genitori, secondo il principio dei vasi comunicanti in precedenza esposto – di tale gloria, in modo che sin dal momento del concepimento la presenza gloriosa di Dio avrebbe accompagnato nell'intimo spiritualmente il nascituro.

Purtroppo dal tempo del peccato originale nessun bambino, eccetto Gesù, riceve mai all'atto del concepimento e poi della nascita la gioia di essere nel proprio intimo pienamente ed esclusivamente irrigato dell'amore incondizionato di Dio, perché nasce spiritualmente morto, poiché per il peccato di un solo uomo la morte è passata sull'intera umanità (Ro 5:12 *per mezzo di un solo uomo il peccato è entrato nel mondo, e per mezzo del peccato la morte, e così la morte è passata su tutti gli uomini*).

Notiamo inoltre che la vita sessuale comporta piacere proprio perché è lo strumento glorioso eletto da Dio nell'ordine della creazione con cui Lui pone in essere vite umane create a sua immagine, vale a dire la sessualità e il piacere che comporta sono concepiti da Dio all'origine per essere un veicolo della sua gloria, per questo in Eb 13:4 è scritto: *resti il talamo incontaminato.* Ciò spiega come mai la vita sessuale non è fatta per essere vissuta con violenza o infedeltà o paura e soprattutto non è mai una proprietà umana da cui Dio è escluso, come se noi ne fossimo gli autori e quindi la potessimo gestire come meglio crediamo scegliendo di essere etero o omosessuali ecc. La vita sessuale è solo una manifestazione dell'unità gioiosa che Dio crea tra l'uomo e la donna in comunione tra loro in Lui in seno al matrimonio, ove Dio produce col concorso della disponibilità umana una relazione d'amore nella coppia con la quale la porta a generare vite a sua immagine e a trasmettere alla famiglia, quindi bimbi generati inclusi, il suo amore incondizionato.

Vale a dire Dio all'origine ha ideato il mondo in modo tale che il suo creare vite umane comportasse profonda gioia relazionale, unità e piacere nelle coppie suo strumento, in altri termini Dio fa gioire gli esseri umani per crearli. Nel suo piano originario lui forma le persone facendo godere ed esultare a tutti i livelli, fisico incluso, in Lui gli strumenti di cui si vale nel farlo. Questo non vuol dire che la sessualità è finalizzata esclusivamente alla riproduzione o in antitesi al solo piacere, ma lo è alla comunicazione in seno alla coppia per la quale questa poi per natura tende ad estendersi cioè a darsi procreando, poiché è immagine della Trinità che si espande e dona a livello relazionale creando e accudendo vite umane (Ge 1:26)

Perseguire il piacere sessuale senza riconoscerne la sacralità è un darsi allo spirito d'impurità che sempre dissacra l'inviolabilità della vita (Gd 7). Nel far questo l'essere umano si nega l'immagine che è di Dio e in tal modo si disconosce ed è violento con se stesso (1 Co 6:18 *Ogni altro peccato che l'uomo commetta è fuori del corpo, ma il fornicatore pecca contro il proprio corpo*). Tramite la sessualità umana Dio vuole celebrare la vita che lui stesso è, mentre con essa l'impurità persegue e attua una violenza, spesso inconsapevole, dell'essere umano contro se stesso.

LA SPECIFICITÀ DEI GENERI È FUNZIONALE ALLA CENTRALITÀ DEL SEME UMANO QUALE FIGURA DELLA VITA

La centralità del seme umano evidenzia la diversità e la corrispondenza dei generi e in tal modo il loro valore paritario perché non sono quest'ultimi primari, ma lo è la vita che sta al centro del progetto di Dio per entrambi. Vale a dire essenziale è il modo in cui ciascuno dei generi si rapporta al seme quale figura della vita, in funzione dei differenti ruoli di portatore e ricevente che gli sono propri; non vi è diversità tra loro però nel fatto che vi è una piena subordinazione di entrambi i ruoli rispetto al seme, per questo come abbiamo poco sopra detto, tale diversità ne sottolinea la parità in valore.

L'uomo quale portatore nel suo corpo del seme è il primo responsabile di come l'impiega, di dove lo depone, se lo dissacra o rispetta, onorando la persona cui lo affida (1 P 3:7 *mariti...onoratele*), tale responsabilità lo pone nel ruolo di capo nella coppia (1 Co 11:3 *il capo della donna è l'uomo*).

Poiché l'uomo è chiamato a dare alla donna il seme, che abbiamo visto essere figura della vita, come può darle la "vita" senza amarla? È logico che per farlo è destinato ad amarla come Gesù ha amato la chiesa fino al sacrificio totale della propria vita (Ef 5:25), altrimenti spiritualmente sta usando il simbolo della vita, il seme, non per dare vita, che può essere solo amore incondizionato, ma qualcos'altro, del male e in tal modo il suo salario, che è l'opposto della vita, e ha il sapore della morte (Ro 6:23).

Anche la donna è responsabile verso il seme, ma in modo diverso, lo è in qualità di ricevente, per questo Dio riprova severamente la seduzione da parte di lei (Is 3:16-24 *poiché le figlie di Sion... camminano lanciando sguardi provocanti....il Signore metterà a nudo le loro vergogne*; Pr 7:21-27, 5:3-4), o l'accondiscendenza se si tenta di violarla o di violentarla (De 22:23-27).

Notiamo così che il modo in cui Dio ha concepito l'esistenza umana è splendido perché è il frutto del Suo nome essendo nell'ordine della creazione Lui, la vita, al centro della coppia, centralità rappresentata fisicamente dalla subordinazione dei ruoli alla sacralità del seme e non agli egocentrismi di genere. L'esistenza è quindi una cosa meravigliosa perché vi è Dio al centro, la vita e non noi, ciò anche dal punto di vista organico, per questo esiste la sacralità del matrimonio.

Se l'uomo e la donna non riconoscono la centralità di Dio, della vita, e non di se stessi nelle loro rispettive e differenti responsabilità rispetto all'inviolabilità del seme, diventano ospiti del proprio corpo perché gliene è estranea la sacralità.

In una coppia avveduta l'uomo anela ad una compagna che onorando il seme donatole curi maternamente la prole, e analogamente la donna anela a un compagno che ne sostenga con cura paterna il frutto, la vita venuta al mondo per mano di Dio da entrambi. Come abbiamo già avuto modo di osservare ampiamente nessun genere all'origine prevale o predomina sull'altro, ma l'amore incondizionato di Dio ne garantisce la diversità e ne riconosce il paritario differente valore.

LE GENEALOGIE IN RELAZIONE ALLA SACRALITÀ E CENTRALITÀ DEL SEME UMANO

Poiché l'uomo è portatore del seme nella Bibbia le genealogie vengono riportate secondo la linea di successione maschile (Ge 4:1–

5:32). Sappiamo che l'egocentrismo conseguito al peccato originale fa percepire all'essere umano la propria esistenza primaria rispetto a Dio, e ciò può suscitare la sensazione che nelle successioni genealogiche si esprima una centralità del genere maschile, invece dal punto di vista del Signore il loro fulcro è il seme di cui l'uomo è portatore e il servizio di quest'ultimo anche in tal senso a Dio, non l'uomo stesso. Vale a dire agli occhi di Dio centrale è la vita, di cui il seme è simbolo (Lu 8:11; 1 P 1:23) perchè Suo strumento a livello naturale per darle forma tramite la fecondazione, cioè primario è il fatto che è Dio il latore di vita, di cui tale seme è l'immagine, perché al centro di come Dio ha ideato la coppia, come ben sappiamo, c'è la gloria di Dio, non l'essere umano.

Dio attraverso la prole che di volta in volta crea ha come finalità originaria e ultima di vedere un'umanità che a sua immagine nel suo nome amministri il mondo (Ge 1:28 *Dio disse loro: "Siate fecondi e moltiplicatevi; riempite la terra, rendetevela soggetta"*). Infatti, tale nome identificando l'essere del Creatore (Es 3:13-14 *"Quale è il suo* (di Dio) *nome?"...Dio disse..."Io sono colui che sono"*), per sua natura dovrebbe regnare incontrastato sulla vita creata dal Signore col seme umano che ne simboleggia proprio l'Autore e la relativa centralità, ciò poiché tale vita in quanto ideata a sua immagine, è sacra.

Dopo la caduta Dio ripristina in Cristo un simile piano regnando per la Sua incarnazione nella prole che lui stesso genera e non crea (Eb 1:5 *"...oggi ti ho generato"* – riferito a Gesù Cristo uomo) e poi in quella che lui non solo crea ma anche rigenera in suo Figlio (Gv 1:12 *a tutti quelli che l'hanno ricevuto egli ha dato il diritto di diventare figli di Dio*; Ro 8:29 *suo Figlio...il primogenito tra molti fratelli*). Tutto ciò c'induce a comprendere l'importanza delle genealogie, essendo queste legate alla promessa del Salvatore (Ge 3:15) e al compimento attraverso di lui del piano di Dio per tutto il creato che sfocerà nell'attuazione del nuovo cielo e della nuova terra (2 P 3:13).

Questa finalità di Dio con la creazione e la sacralità del seme umano, emblema della vita nell'ordine del creato, nella scrittura sono simbolicamente espressi anche con la scelta di Dio di definire "miei" i primogeniti ebrei come leggiamo in Nu 3:13. Infatti, prima che iniziasse l'esodo il Signore stabilì che la **primizia** del seme delle famiglie del popolo eletto, tramite il quale Dio avrebbe dato il Messia al mondo, gli venisse consacrata (Es 13:2; 22:29). Non solo, ma l'intero popolo di Israele Dio davanti al faraone d'Egitto tramite Mosè lo definì: "...*mio figlio, il mio primogenito*"(Es 4:22).

La consacrazione dei primogeniti al Signore Dio la istituì in Israele affinché la nazione ricordasse la potenza a suo favore dispiegata dall'Eterno durante la decima piaga, con la quale Dio convinse il faraone ad arrendersi alla Sua volontà e a lasciar partire il popolo eletto (Es 13:11-16). In questa occasione la primizia del seme delle famiglie egiziane fu colpita a morte (Es 12:29), mentre i primogeniti ebrei vennero salvati tramite lo spargimento del sangue dell'agnello pasquale sugli stipiti degli ingressi delle loro abitazioni, figura del sacrificio salvifico del Messia promesso (Es 13:15).

Qui vediamo simbolicamente raffigurato il fatto che solo il seme umano **non sporco di mortalità** poiché rigenerato in Dio per la fede nel sacrificio del Salvatore (Eb 9:12), può ereditare la vita eterna. Ciò avviene poiché Gesù è la vita eterna (1 Gv 5:20) e l'accesso ad essa (Gv 10:7 *Gesù disse...io sono la porta*), in quanto con la sua morte ha espiato la morte dell'umanità, vale a dire ha portato il castigo dei suoi peccati (1 Gv 2:2; Ro 3:23; Is 53:5; 2 Co 5:21), distruggendo in questo modo la potenza demoniaca della morte e mettendo *in luce* nel creato *la vita e l'immortalità*, che sono qualità di Dio stesso, (Gv 11:25 *Gesù disse...io sono la resurrezione e la vita*; Ro 8:19 *la creazione aspetta la manifestazione dei figli di Dio*; 2 Ti 1:10). Quindi solo il seme umano rigenerato in Cristo può ereditare la vita eterna, di cui l'elezione del popolo ebraico e la terra loro promessa sono figura.

Tutto questo poiché il seme umano sin dall'origine è destinato ad essere l'emblema della sacralità della vita nella creazione, vale a dire del fatto che l'uomo e tutto il creato che Dio gli ha affidato esiste per innalzare Dio. Il dono del Salvatore al mondo attraverso la genealogia del popolo eletto è il modo scelto da Dio per ripristinare la piena sacralità di tale seme al suo cospetto (Gv 3:16 *Dio ha tanto amato il mondo, che ha dato il suo unigenito Figlio, affinché chiunque crede in lui non perisca ma abbia vita eterna*).

A scanso di equivoci evidenziamo che l'espiazione di Cristo diviene operativa nel singolo solo quando quest'ultimo vi crede avvertendo di essere peccatore davanti a Dio e di avere bisogno di riconciliarsi con lui, affidandogli perciò la signoria della propria esistenza e lasciandosi da lui rigenerare spiritualmente.

LA CENTRALITÀ E SACRALITÀ DEL SEME UMANO È FIRMA DI DIO NELLA CREAZIONE E CIÒ RIVELA IN CHE MODO NELL'ORDINE DEL CREATO L'UOMO È LA GLORIA DI DIO E LA DONNA LA GLORIA DELL'UOMO (1 CO 11:7)

Dio è il Creatore, vale a dire il sommo artista, in quanto tale è necessariamente poetico e perciò si può dire che firmi la creazione con la centralità e sacralità del seme umano quale emblema della vita che lui è, essendo stata l'umanità, vale a dire la coppia, creata da lui **a Sua immagine** a conclusione del compimento, tramite la Parola, della sua genesi del mondo (Gv 1: 26-28; Eb 2:7b-8). Comprendiamo meglio cosa ciò significa considerando che come un artista firma l'opera per indicare che lui ne è non solo l'esecutore ma anche l'ideatore, (sia nel caso in cui questi si lasci ispirare da Dio che dal nemico), vale a dire la sigla perché la riconosce come espressione di sé, al punto che nei dipinti il suo nome ne diventa parte integrante poiché appare scritto sulla superficie e inserito nella composizione, così in maniera analoga Dio ha firmato, completandola, l'opera d'arte del creato; lo ha fatto nella sua componente ultima, speciale per eccellenza perchè creata a sua immagine, la coppia (Ge 5:2 *Dio creò l'uomo...a somiglianza di Dio; li creò maschio e femmina...e diede loro il nome di "uomo"*), e attuando ciò tramite la sacralità del seme umano poiché nel matrimonio il fulcro è proprio la centralità e sacralità della vita. È come se in tal modo Dio dicesse: "Io che sono la vita ne sono l'autore, essa esiste per celebrarmi, io sono il suo fulcro e il suo perché, in me ha e perciò trova il suo senso"; infatti, la famiglia è ideata per dare gloria alla vita che solo Dio è. Quindi pur essendo il corpo umano progettato, come abbiamo visto in precedenza, prevedendo in caso di caduta la possibilità che divenisse mortale e quindi il sacrificio del Salvatore al fine di espiare la colpa dell'umanità, comunque la coppia è stata da Dio concepita esclusivamente per celebrare la vita, perché la caduta non è nella volontà di Dio, che per sua natura è solo immortale (1 Gv 5:20) poiché è Cristo (Gv 14:6).

In quanto l'essere umano maschio e femmina, vale a dire la famiglia, è stato formato a corona della creazione quale amministratore della stessa (Ge 1:26-28), con tale firma Dio sigla non solo la coppia ma la creazione tutta, essendo quest'ultima inclusa nel ruolo di gestione affidato all'umanità, infatti tutto il creato è chiamato a celebrare la vita, Colui che la è (Gv 14:6), il Signore (Ap 5:13; Sl 103:22; 150:6; Gv 14:6). Perciò, quando Dio firma la creazione con la sacralità e centralità del seme umano, la sta siglando con la gloria della vita che lui è, e in cui tutto sussiste (Cl 1:17), e in tal senso col suo nome (Es 3:14-15).

Ribadiamo ancora che Dio fa ciò simbolicamente a livello naturale tramite la centralità e sacralità del seme umano creato a sua immagine, perciò portatore della stessa, e in quanto tale, come abbiamo detto, emblema della vita, per notare che è in funzione di tale sacralità e centralità che Dio ha ideato i generi, il loro porsi uniti nelle specifiche diversità per onorare la centralità della vita che Dio è, del suo nome, fatto che in termini naturali si esprime pure con la cura procreativa che l'Eterno ha affidato loro quale coppia (Ge 1:28 *moltiplicatevi*), il compito di generare vite da lui create.

Riassumendo possiamo dire che il seme del genere umano è il modo in cui Dio, il sommo artista, firma la creazione riconoscendosene e dichiarandosene l'autore, e così asserisce, visualizzandolo, il fatto che lui, la vita (Gv 1:3-4; Cl 1:16), è al centro di ogni cosa, per cui la sacralità di tale seme, la sua firma, è emblema dell'organizzazione del creato a gloria di Dio (Ro 1:20-21; Ab 2:14b; Nu 14:20-21 *L'Eterno disse "...come è vero che io vivo tutta la terra sarà ripiena della gloria dell'Eterno"*; Is 6:3).

Sempre in quest'ottica notiamo che la centralità del seme umano quale simbolo della vita rivela come mai nell'ordine della creazione l'uomo è la gloria di Dio e la donna la gloria dell'uomo (1 Co 11:7).

Abbiamo avuto modo di considerare in precedenza ampiamente che nell'egocentrismo non c'è gloria poiché questo è negazione di Dio, della sua vita e presenza (Ro 3:23 *tutti hanno peccato e sono privi della gloria di Dio*). Quindi l'uomo non è creato a gloria di Dio per camminare egocentricamente, e così la donna non è creata a gloria dell'uomo per soddisfare l'egocentrismo di quest'ultimo o il proprio. Consideriamo allora cosa 1 Co 11:7 significa in relazione alla sacralità e centralità del seme umano quale segno rappresentativo della vita che solo Dio è (Gv 1:4; Gv 14:6).

L'uomo è creato a gloria di Dio (1 Co 11:7) in quanto portatore del seme, emblema di vita e firma di Dio nella creazione, come tale ne è in qualità di amministratore primo responsabile, in questa sua posizione lo passa alla donna, dandole a livello di vita naturale parte della gloria della vita che Dio ha voluto esprimere nella creazione ideandolo come uomo. La donna è creata a gloria dell'uomo perché gli restituisce il seme (simbolo della gloria della vita insita in Dio) moltiplicato (Ge 21:2 *Sara partorì e concepì un figlio ad Abramo*), ciò a gloria di Dio che crea la vita in lei attraverso il seme donatole e in tal senso a gloria dell'uomo.

Se uno considera le prerogative e le differenze che caratterizzano i due generi nei vari ambiti della vita come concepiti da Dio nel suo piano originario, può rilevare che la radice delle diversità si può far risalire a queste differenti posizioni in qualità d'amministratori rispetto alla sacralità del seme emblema della vita nel creato, cioè simbolo dell'autorità del nome di Dio in esso, posizioni nelle quali all'origine non esiste l'egocentrismo, ma solo il servizio a Dio.

Quindi si può dire che i due generi sono diversamente concepiti dall'Eterno per il differente modo in cui sono predisposti a onorare il seme emblema della vita, l'uomo quale suo portatore e seminatore e la donna quale ricevente. A tale riguardo si pensi solo alla maggiore forza fisica dell'uomo o alla delicatezza della donna nell'accogliere il frutto del suo grembo (Is 49:15 *Una donna può forse dimenticare il bimbo che allatta, smettere di avere pietà del frutto delle sue viscere?*); o anche si consideri l'istinto protettivo maschile (macchiato dal dominio per il peccato originale e ai nostri giorni ritenuto antiquato) da lui provato nei confronti della consorte, *il vaso più delicato* (1 P 3:7), a cui affida il seme, o a quello delle madri verso i figli che ne sono il frutto.

In un simile contesto notiamo che se un uomo non rispetta una donna sta profanando il seme di cui è, quale portatore, primo responsabile, ciò poiché in tal modo non ne riconosce il vero valore nell'ordine della creazione, il fatto che è emblema di Dio, la Sua firma nel creato. In altri termini un uomo che non sa onorare una donna disprezza se stesso perché così facendo non sta rispettando il suo ruolo di portatore del seme nella sua sacralità.

Analogamente una donna che pratica la seduzione, ha una responsabilità simile rispetto alla dissacrazione della vita, ma, come già accennato in precedenza, inversa in quanto al ruolo, vale a dire non quale portatrice bensì in qualità di ricevente e in tal caso adescatrice (Pr 5:3-6; 6:24-26; 7:27).

La sacralità del seme implica che una donna è chiamata a concedersi esclusivamente a chi rispetta la sacralità del seme che le affida onorandola nel matrimonio.

Sempre in base al fatto che nell'ordine del creato l'uomo è la gloria di Dio e la donna la gloria dell'uomo, vale a dire che al centro di ogni cosa vi è la celebrazione di Dio, la vita, simboleggiata dalla centralità e sacralità del seme umano, possiamo considerare e comprendere come mai nel V.T. non esiste il sacerdozio femminile.

Quanto abbiamo fino ad ora detto, infatti, spiega perché il

sacerdozio nel V.T. è assegnato al genere maschile, pur attribuendo Dio all'intero popolo d'Israele una funzione sacerdotale in seno all'umanità (Es 19:5-6 *...sarete tra tutti i popoli il mio tesoro particolare.......e mi sarete un regno di sacerdoti*), condivisa nel nuovo patto dall'intera chiesa poiché innestata nel popolo eletto (1 P 2:9 *...ma voi siete una stirpe eletta, un sacerdozio regale, una gente santa, un popolo che Dio si è acquistato*; Ro 11:17). Notiamo, infatti, che nel corpo di Cristo il sacerdozio è esplicitamente non solo maschile poiché in Ga 3:26-28 è scritto: *in Cristo Gesù...non c'è né maschio né femmina*.

Il fiume d'amore che, come abbiamo ampiamente spiegato, procede dal trono di Dio per investire l'uomo e attraverso di lui la donna in una danza d'amore paritario ad immagine della Trinità, poiché tale è la coppia agli occhi di Dio, con la caduta ha l'accesso all'uomo ostruito per il suo congenito stato di peccatore (Ro 3:23). I sacrifici del V.T. servivano, infatti, costantemente per risolvere il problema insito nel fatto che Dio è santo a differenza di tutto il suo popolo Israele, sia maschile che femminile (Es 29:38).

Ricordiamo che essendo l'uomo in seno alla famiglia quale portatore del seme, il canale primo per ricevere il perfetto e glorioso amore dell'Eterno ed essendo lui un vaso ostruito perché sporcato dal peccato originale, la donna, che nell'ordine della creazione avrebbe dovuto ricevere tale amore non solo direttamente dal Signore, ma per come questi ha concepito l'umanità in seno alla coppia dal marito in modo dopo Dio prioritario, di fatto non lo riceve da nessuno dei due. Ciò avviene poiché il suo spirito non è in comunione con l'Eterno essendo priva della Sua gloria (Ro 3:23) e perché essendolo pure il marito questi non la ama dell'amore incondizionato di Dio (Ge 3:16 *tuo marito...egli dominerà su di te*), per cui la donna diviene a causa di ciò nell'ordine della creazione della famiglia ora soggetto alla caduta, un vaso, forse si può dire, doppiamente ostruito, un fatto che la rendeva meno idonea al sacerdozio, considerato tutto il travaglio di sacrifici che si dovevano fare per purificare il sacerdote maschio (Es 29; Le 12:1-5 *"Quando una donna sarà rimasta incinta e partorirà un maschio, sarà impura per sette giorni...Ma se partorisce una bambina sarà impura per due settimane*). Problema questo che in Cristo non si pone più come dimostrato dal fatto che un marito non credente è santificato nella consorte rigenerata in Cristo (1 Co 7:14 *Il marito non credente è santificato nella moglie)*, avendola la legge dello Spirito della vita affrancata da quella del peccato e della morte (Ro 8:2), ed essendo l'ordine spirituale della redenzione di Cristo superiore a quello naturale della famiglia compromesso nella sua sana funzionalità dalla caduta.

L'uomo è portatore del seme e dal momento del peccato originale lo è di un seme dissacrato, nel quale Dio però vuol ripristinare la sua gloria perché all'origine l'ha concepito per creare con esso attraverso la fecondazione (Gv 1:13) vite umane a sua immagine.

Il fine di Dio, infatti, è sempre un'assoluta celebrazione del suo nome nel creato (Is 11:9; 2 P 3:13), vale a dire che al centro di ogni cosa vi sia la glorificazione dell'Onnipotente, Colui che è la vita, e la manifestazione del relativo trionfo. Essendo tale finalità simboleggiata dalla centralità e sacralità del seme umano firma di Dio nella creazione, si comprende come l'uomo, che ne è portatore e suo primo responsabile, diviene in un creato in cui la redenzione per il sangue di Cristo non è ancora divenuta di fatto operativa, poiché tale sangue non è ancora stato versato, lo strumento impiegato da Dio per il servizio sacerdotale. Infatti anche qui, come per le genealogie, centrale non è il genere maschile ma il servizio a Dio da questo reso, ciò per la sacralità del seme e la centralità di Dio nella coppia e nel suo piano per la creazione tutta.

I GENITORI E IL SEME

Onorare padre e madre equivale a rispettare la vita, poiché è tramite loro, come già detto in precedenza, che Dio l'ha donata a ciascuno di noi, dato che il seme umano maschile e l'ovulo femminile peculiari dei nostri genitori, sono quelli che Dio ha usato per elargircela.

Per questo motivo se non si rispettano nell'intimo e nei fatti padre e madre (Mr 7:10-13) a prescindere da come siano e dal loro comportamento reciproco e condotta verso la prole, non si prolunga, dice la Parola nel V.T., il numero dei propri giorni sulla terra, (Es 20: 12 *Onora tuo padre e tua madre affinché i tuoi giorni siano prolungati*). In Pr 30:17 è scritto: *L'occhio di chi si beffa del padre e non si degna di ubbidire alla madre lo caveranno i corvi del torrente, lo divoreranno gli aquilotti*; qui vediamo descritta la causa e la conseguenza di un danno o rovina che si procaccia alla propria esistenza, anche perché in tal modo si è negato il valore assoluto della vita, vale a dire di Cristo, producendo una maledizione su quella donataci.

Pr 20:20 conferma quanto appena detto: *Chi maledice suo padre e sua madre avrà la lucerna spenta nelle tenebre più fitte.*

Voglio qui riportare la testimonianza di un medico perché a mio avviso illustra quanto profonda è l'opera di Dio nel generare la vita naturale di una persona tramite i suoi genitori e quindi ci aiuta a comprendere la portata della richiesta di Dio di onorarli.

Una donna aveva scelto di interrompere la gravidanza in seguito a una grave malattia al fegato, dopo l'aborto si scoprì che la sua gestazione stava avendo sull'organo malato un effetto curativo che fu in tal modo annullato. Tutto ciò si spiega per un processo naturale inverso a quello presente nei trapiantati e causato dall'introduzione di un organo estraneo nel corpo del malato, il rigetto, un fenomeno che deve essere contrastato con farmaci da assumere per tutto il resto della vita.

Durante la gravidanza invece il feto, corpo estraneo a quello della donna nella misura in cui costituito dai cromosomi del marito, i quali si moltiplicano man mano che il nascituro cresce, non è rigettato come avviene nei trapiantati, ma per un processo inverso viene accolto dal fisico della madre con un'interazione tra le sue sostanze organiche e quelle del coniuge presenti nel feto. Questo fenomeno era quel fattore che si rivelava curativo per l'organo malato della paziente.

Quindi il dialogo tra i corpi dell'uomo e della donna continua durante la gravidanza per l'interazione del fisico di lei con i cromosomi del marito presenti nell'embrione, il che è evidente quando il frutto fuoriesce e diviene visibile, poiché generalmente somiglia in una qualche misura a tutte e due i coniugi.

Osserviamo ancora che siccome durante la gestazione continua nel corpo della donna il dialogo con quello del marito per accogliere la sua componente organica presente nel feto posto in lei, l'unione fisica tra i due coniugi in tal senso durante la gravidanza è sempre in atto, e viene dalla gestazione suggellata.

Notiamo che anche in tutto ciò si percepisce la sacralità del seme (portatore del bagaglio biologico del marito) per il modo in cui viene accolto dal corpo della madre durante tutta la gravidanza, essendo emblema della vita.

LA CHIESA E IL SEME DELLA PAROLA

Solo Dio è la verità, l'uomo non la è mai, e anche quando riceve Cristo, colui che è la via, la verità e la vita (Gv 14:6), diviene esclusivamente portatore del seme della vita eterna (1 Gv 5:21), ma non ne è mai l'autore.

Da non credenti non si ha comunione con lo Spirito di verità (Gv 14:17 *lo Spirito della verità che il mondo non può ricevere, perché non lo vede e non lo conosce*), e quando si viene da tale Spirito vivificati ricevendo la vita immortale (Gv 16:8 *Il Consolatore.....convincerà il mondo quanto al peccato, alla giustizia e al giudizio*; Gv 1:4 *In lei -* la Parola *- era la vita e la vita è la luce degli uomini*), si differisce comunque da Cristo per il fatto che questi è Dio, e come tale al pari del Padre ha vita in se stesso (Gv 5:26 *Come il Padre ha vita in se stesso così ha dato anche al Figlio di avere vita in se stesso*), mentre noi non abbiamo questa sua divina qualità, poiché, essendo stati creati, non siamo la vita ma la riceviamo in dono (Ge 2:7; Ef 8:10), per tale motivo anche se rigenerati non possiamo fare nulla senza dimorare in Cristo (Gv 15:5 *senza di me non potete fare nulla*).

Sappiamo, che il matrimonio è figura del patto tra Gesù e la chiesa (Ef 5:25-33; Ap 21:9), e come avviene nel naturale allo stesso modo noi, la sposa, possiamo solo ricevere il seme della vita che è Cristo, e non produrlo da noi stessi (Gv 15:5 *senza di me non potete fare nulla*), in quanto il corpo di Cristo può essere originato esclusivamente dalla fecondazione del seme della Parola della vita che è Gesù, operata da Dio nell'argilla che noi siamo (Gr 18:6; Gv 16:8 *Il Consolatore...quando sarà venuto convincerà il mondo quanto al peccato, alla giustizia e al giudizio*; Gv 6:44 *Nessuno può venire a me se il Padre che mi ha mandato non lo attira*).

Ribadiamo, tale seme la chiesa non può produrlo di suo per nascere (o far nascere) a nuova vita, e neanche è lei l'autrice del processo di santificazione, pur essendo questo connesso, come la salvezza, alla scelta personale di arrendersi a Cristo, e da credenti a farlo sempre di più per venire trasformati a immagine del Salvatore (2 Co 3:18 *E noi tutti, a viso scoperto, contemplando come in uno specchio la gloria del Signore, siamo trasformati nella sua stessa immagine di gloria in gloria, **secondo l'azione del Signore**, che è lo Spirito*); è scritto, infatti, che è il Signore a produrre in noi il volere e l'agire (Fl 2:13) e anche che è lui a creare la fede e a renderla perfetta (Eb 12:2).

Poiché la chiesa da se stessa, vale a dire non dimorando in Cristo, non può nulla (Gv 15:5), tanto meno generare vita spirituale, "l'auto"–santificazione senza la resa al Signore e la sempre maggiore dipendenza di fatto da Lui, è una mera illusione. Anche per questo in 2 Co 12:9 è scritto che *la potenza* di Dio *si dimostra perfetta* (*è portata a compimento* secondo la traduzione della Nuova Diodati) *nella debolezza*, vale a dire quando non ci inorgogliamo (2 Co 12:7), ma al contrario arrendiamo al Signore. Infatti, si palesa allora in noi nella dipendenza dall'Altissimo la sua potenza, il che coincide con la nostra ubbidienza. Gesù stesso, che aveva lo Spirito Santo, da lui definito potenza di Dio (At 1:8), illimitatamente (Gv 3:34), dimostra per primo la sua totale dipendenza dal Padre quando dice in Gv 8:28: *"non faccio nulla da me stesso, ma dico queste cose come il Padre mi ha insegnato...faccio continuamente le cose che gli piacciono"*.

Sottolineiamo ancora che il matrimonio è figura del rapporto tra Gesù e la chiesa (Ef 5:25-33; Ap 21:9), anche in particolare per il fatto che il seme della donna, l'ovulo, non può essere seminato, ma solo venire fecondato dal seme maschile, questa è la differenza principale tra i due generi, per cui come chiesa siamo chiamati in modo analogo a ricevere e venire attivamente imbevuti della gloria della vita che è Cristo e non a cercare di produrla da noi stessi, e solo su tale fondamento poi ad agire in lui (Ef 2:20 *il fondamento degli apostoli e dei profeti*).

Riassumendo possiamo dire che noi, la chiesa, non siamo gli autori del seme della vita, la Parola, siamo solo quelli che la ricevono venendone rigenerati e poi a loro volta la trasmettono, ma nel farlo non siamo noi a fecondare, è solo la Parola a compiere il miracolo della nuova nascita con la salvezza e poi la santificazione (Gv 1:12 *la Parola...a quelli che l'hanno ricevuto egli ha dato il diritto di diventare figli di Dio*; 3:3-8; 16:8; Eb 12:2; 2 Ti 3:16 *ogni scrittura è ispirata da Dio e utile a insegnare, a riprendere, a correggere, a educare alla giustizia*), e il matrimonio con la specificità fisica dei generi visualizza tale realtà.

LA PROLE COME SIMBOLO NELL'ORDINE DELLA CREAZIONE DELLA CRESCITA SPIRITUALE DELL'ESSERE UMANO A SOMIGLIANZA DI DIO

L'uomo, se non fosse caduto ma avesse scelto da subito di somigliare a Dio, vale a dire di professare spiritualmente quel che la centralità e sacralità del seme umano simboleggiano, il fatto che solo in Dio è la vita, camminando alla Sua presenza, ubbidendogli, il che significa amando Dio al di sopra di ogni altra cosa (Mt 22:37 *Ama il Signore Dio tuo con tutto il tuo cuore, con tutta la tua anima e con tutta la tua mente*), stando così nella luce, nella vita che solo lui è (Gv 1:4), l'uomo per la comunione col Signore sarebbe progressivamente maturato, cresciuto spiritualmente, venendo irrigato da una sempre più profonda conoscenza della persona del Creatore, che così lo avrebbe forgiato gradualmente a Sua somiglianza. Tale cammino sarebbe avvenuto con una piena partecipazione dell'uomo, pur rimanendo la comprensione da parte di questi di Dio necessariamente entro limiti umani. L'immensità del Signore, infatti, non può essere colta e contenuta dall'essere d'una sua creatura, neppure se fatta a sua immagine, e neanche se rigenerata in Cristo, perché l'umanità non è Dio, per cui la sua maturità spirituale espressa nella somiglianza al Signore non può prevedere un simile obiettivo. (I seguenti versetti tratti dal Vecchio e dal Nuovo Testamento mostrano come Dio abbia continuato a perseguire tale progetto di somiglianza anche dopo la caduta volgendolo però a Israele e alla Chiesa: Is 27:3, 6 *Io, il Signore...la irrigo ad ogni istante...In avvenire, Giacobbe metterà radice, Israele fiorirà e germoglierà, e copriranno di frutta la faccia del mondo*; Ef 3:18-19 *siate resi capaci di abbracciare con tutti i santi quale sia la larghezza, la lunghezza, l'altezza, la profondità dell'amore di Cristo e conoscere questo amore che sorpassa ogni conoscenza, affinché siate ricolmi di tutta la pienezza di Dio*; i versetti qui di seguito riportati illustrano inoltre la superiorità di Dio rispetto all'uomo: Is 40:13 *Chi ha preso le dimensioni dello Spirito del Signore o chi gli è stato consigliere per insegnargli qualcosa?*; 1 Co 2:11 *nessuno conosce le cose di Dio se non lo Spirito di Dio*).

Dio è Spirito (Gv 4:24) e a sua immagine ciascun essere umano è stato creato con un suo peculiare spirito (Ge 2:7; Ro 8:16 *Lo Spirito attesta insieme al nostro spirito che siamo figli di Dio*), ma contrariamente all'Onnipotente, come poco sopra detto, noi non siamo divinità, quindi è logico che dovevamo sin dalle origini crescere spiritualmente a Sua somiglianza. Infatti, a differenza di Cristo, come sappiamo, non abbiamo vita da noi stessi (Gv 5:26 *come il Padre ha vita in se stesso, così ha dato anche al Figlio di avere vita in se stesso*) e dobbiamo sempre attingerla e riceverla (*Gv 15:5 senza di me – Gesù – non potete fare nulla*), vale a dire scoprirne sempre di più l'immensità senza mai esserla nel senso di sostituirci ad essa, perché non la siamo, non siamo Dio (Gv 14:6).

Quindi è evidente che Dio ha creato l'umanità non solo a sua immagine, ma perché questa crescesse a sua somiglianza (Ge 1:26), vale a dire non scegliesse di mangiare dall'albero della conoscenza del bene e del male preferendo in tal modo il peccato e così la somiglianza al nemico (Ge 3:6; 1 Gv 5:19; Gv 8:44 *siete figli del diavolo che è vostro padre, e volete fare i desideri del padre vostro*), bensì quella a Dio. L'ubbidienza all'Onnipotente avrebbe comportato di continuare a vivere alla presenza di Dio mangiando da subito dall'albero della vita, di cui inizialmente Adamo ed Eva si sarebbero potuti liberamente cibare (Ge 2:9, 16 *ogni sorta d'alberi…buoni per nutrirsi, tra i qual l'albero della vita*), non essendo la mortalità insita in loro, e non avendoli Dio ancora scacciati dall'Eden, come poi in seguito alla caduta fece per proteggerli da un'immortalità che ne avrebbe pregiudicato la salvezza, rendendo di fatto impossibile la morte espiatoria del Salvatore (Ge 3:22 *"Guardiamo che egli non tenda la mano e prenda anche del frutto dell'albero della vita, ne mangi e viva per sempre"*; Ge 3:24).

Il cammino iniziale d'Adamo in Eden evidenzia come Dio lo stesse formando nel suo ruolo d'amministratore del creato facendolo maturare a Sua somiglianza attraverso la loro relazione. Dio, infatti, pose l'uomo nel giardino che aveva piantato per lui (Ge 2:8), affinché lo custodisse e lavorasse istruendolo su cosa era legittimo fare (Ge 2:15-16), quindi condusse ogni specie animale da lui per vedere come l'avrebbe chiamata e perché portasse tale nome (Ge 2:19), poi l'Eterno creò Eva forgiando così una relazione umana tra i due generi da far loro scoprire in comunione con lui (Ge 2: 21-24). In questo modo Dio li formava a sua somiglianza in un'attitudine di dominio sulla creazione (Ge 1:28 *"….la terra…..rendetevela soggetta, dominate sui pesci del mare e sugli uccelli del cielo e sopra ogni animale che si muove sulla terra"*) vissuta nel suo amore incondizionato, vale a dire volta al servizio del Signore, quindi mai egocentrica, poiché

Dio non ha creato l'uomo con tale ruolo nella creazione perché lo vivesse in vista del proprio ego.

Personalmente credo che poiché questo era il piano originario di Dio, il fatto che Lui ha creato l'umanità con l'intento che maturasse a sua somiglianza (ad opera di Dio, ma attraverso la scelta umana con l'esercizio del libero arbitrio donatole), tale fatto è simbolicamente visualizzato nell'ordine della creazione dalla presenza in nuce della prole nella coppia creata a immagine della Trinità, perché composta da due elementi con il terzo che, attraverso la scelta dei primi due di unirsi, deve ancora emergere dalla potenzialità e quindi venire nutrito e crescere maturando fino all'età adulta, esattamente come il genere umano quando è stato creato doveva ancora, operando una scelta, crescere a somiglianza di Dio (Ge 5:1-2 *Dio creò l'uomo, lo fece a somiglianza di Dio; li creò maschio e femmina, li benedisse e diede loro il nome di "uomo"*; Ge 1:28 *moltiplicatevi*).

Quindi la prole visualizza simboleggiandola la maturazione dell'uomo a somiglianza di Dio perchè in lei v'è una crescita in atto sin dal seno materno d'un essere creato a immagine di Dio; notiamo a tale proposito che quando la formazione spirituale dell'umanità fu interrotta e compromessa dal peccato originale, la maledizione rivolta alla donna incluse non solo che i dolori del parto venissero moltiplicati, ma che anche il numero delle gravidanze lo fossero (Ge 3:16 *moltiplicherò i tuoi dolori e le tue gravidanze*, Traduzione Interlineare Italiana dall'ebraico R. Reggi EDB e Nuova Diodati revisione 1991). Ciò poiché a causa del peccato la maturazione umana a somiglianza di Dio sarebbe passata attraverso la "deviazione" della salvezza in Cristo, con cui sarebbe stato conseguito il perfetto affrancamento dalla somiglianza alla falsa, ingannevole e mortale natura diabolica ricevuta col peccato (1 Gv 5:19), ottenendo per grazia in dono basi immortali per la completa trasformazione a somiglianza di Dio, come dimostrato da 1 Gv 3:2 dove è scritto: *...quando Egli sarà manifestato saremo simili a lui perché lo vedremo come egli è*. Simili equivale a dire somiglianti, vale a dire alla manifestazione di Cristo si sarà pienamente realizzata per l'umanità a lui fedele la scelta della somiglianza, che oggi come credenti in Cristo abbiamo ricevuto in eredità, un tesoro immarcescibile! (1 P 1:4 *un'eredità incorruttibile, senza macchia e inalterabile. Essa è conservata in cielo per voi*).

Quando avremo la stessa statura di Cristo uomo (Ef 4:13-14 *fino a che tutti giungiamo...all'altezza della statura perfetta di Cristo*), la procreazione come simbolo di tale processo di maturazione spirituale del genere umano non sarà più necessaria e, infatti, verrà meno. Nel nuovo cielo e nuova terra saremo solo fratelli (Lu 20:35-36 *quelli che saranno ritenuti degni di aver parte al mondo a venire e alla resurrezione dai morti, non prendono né danno moglie; neanche possono più morire perché sono simili agli angeli e sono figli di Dio essendo figli della resurrezione*; Ro 8:29 *del Figlio...primogenito tra molti fratelli*) e il nostro essere famiglia come umanità sarà solo rispetto alla Trinità, inseriti nel reciproco abbraccio tra le tre Persone, di cui col nostro spirito già oggi godiamo (Ro 8:16 *Lo Spirito attesta insieme al nostro spirito che siamo figli di Dio*; 1 Gv 1:3 *la nostra comunione è con il Padre e con il Figlio suo Gesù Cristo*; 2 Co 13:13 *e la comunione dello Spirito Santo siano con tutti voi*).

Quindi la prole è una bellissima attestazione, un simbolo che possiamo crescere a somiglianza di Dio (Ge 1:26), essendo l'essere umano, appunto poiché creato a immagine e somiglianza di Dio, chiamato (Mt 22:14 *molti sono i chiamati*) a suffragare quest'ultima con il libero arbitrio, scelta, come abbiamo detto, dopo il peccato originale attuabile solo attraverso il sacrificio espiatorio di Cristo.

È come se Dio dicesse: "Quel che fai tu a tuo figlio è quello che faccio io a te, ti aiuto a crescere, ma come genere umano a cui ho affidato il ruolo d'amministratore della mia creazione perché apprenda sempre di più dall'immensità della mia gloria stando in comunione con me, mentre Io formo istruendolo personalmente", un'azione che in Gr 31:33 Dio descrive riferendola al suo popolo redento: *io metterò la mia legge nell'intimo loro, la scriverò sul loro cuore.* Questa crescita spirituale, come abbiamo detto, avrebbe potuto da subito avere luogo perché prima di cadere l'uomo era avulso dal male, totalmente libero di non sceglierlo, e sappiamo che così non è avvenuto, ma ha preso forma attraverso il Salvatore. Nell'ambito della vita naturale però si constata che comunque Dio ha fatto maturare l'umanità in una sempre maggiore conoscenza dei fenomeni fisici (Ge 1:28 *dominate...*), e ciò è solo un eco di quello che Dio da subito avrebbe potuto e voluto fare con tutto il genere umano formandolo in una sempre maggiore conoscenza spirituale della sua persona e del suo nome attraverso un'intima e indisturbata comunione con lui (Ge 1:28; Ef 3:18-19 .....*di conoscere questo amore che sorpassa ogni conoscenza , affinché siate ricolmi di tutta la pienezza di Dio*).

In Cristo non c'è né maschio né femmina (Ga 4:28 *non c'è...né maschio né femmina; perché voi tutti siete uno in Cristo Gesù*), perché in lui la sacra centralità del seme si è realizzata nella vita umana; in lui per l'eredità ricevuta vediamo in prospettiva come attraverso un cannocchiale già oggi Dio al centro in un'umanità adulta, cioè che in Cristo ha inequivocabile e inalienabile l'attuazione della propria maturità compiuta in lui (la piena somiglianza), in una comunione con Dio perfetta (1 Gv 3:2); vediamo una fratellanza a lui totalmente somigliante (1 Gv 3:2 *Saremo simili a lui*), che nel nuovo cielo e la nuova terra (Ap 21:1) realmente amministra la creazione affidatagli nel suo nome vivendo in lui (Ga 2:20 *non sono più io che vivo, ma Cristo vive in me*). Allora si sarà pienamente adempiuta la scelta della somiglianza, mancata col peccato originale, ma realizzata e attuata in Cristo.

Così si comprende anche perché in questa creazione non a tutti è dato il dono di una vita da celibe o nubile che Gesù definisce il *farsi eunuchi da sé* (Mt 19:11-12 *"...non conviene sposarsi". Ma egli* (Gesù) *rispose loro: "Non tutti sono capaci di mettere in pratica questa parola, ma soltanto quelli a cui è dato....i quali si sono fatti eunuchi da sé a motivo del regno dei cieli"*), ma in quella futura simili realtà non esisteranno poiché, come abbiamo già detto, non ci sarà più la procreazione (Lu 20:35-36), né il matrimonio, l'unico sposalizio che avrà luogo nel nuovo cielo e la nuova terra e che sussisterà per sempre è quello con l'Agnello (Ap 21:2 *E vidi la santa città, la nuova Gerusalemme, scendere dal cielo da presso a Dio, pronta come una sposa adorna per il suo sposo*), divenendo la Trinità allora per noi, genere umano restaurato, la nostra esclusiva famiglia (Gv 1:12 *ma a tutti quelli che l'hanno ricevuto egli ha dato il diritto di diventare figli di Dio*; Ga 3:26 *siete tutti figli di Dio per la fede in Cristo Gesù*).

EPILOGO

L'INGANNO DELLA VIOLENZA IN SENO AL RAPPORTO DI COPPIA E IL FEMMINICIDIO

La luminosa bellezza del piano di Dio per la coppia da noi sondata, contrasta in modo stridente con le vicende di sangue riportate dai notiziari che la infangano con sempre maggiore frequenza. Per questo motivo, prima di concludere lo studio, voglio condividere cosa il Signore mi ha spiegato in merito valendosi dei contenuti che abbiamo fino ad ora esposti.

Infatti, quanto già esaminato può aiutarci a comprendere, in una qualche misura, cosa avviene quando nelle relazioni di coppia subentra la violenza fisica, quasi sempre dell'uomo verso la donna, essendo questo dotato di maggiore forza. Faremo ciò applicandolo in particolare ai **casi in cui il coniuge pur trattando la consorte in tale modo, la vorrebbe accanto a sé**.

La radice spirituale di questo fatto, la cui forma estrema è talora addirittura il femminicidio, è legata ad uno dei punti essenziali del discorso finora trattato, concetto che ora ripeterò sommariamente con l'intento di risalire alla dinamica dell'inganno sotteso alla violenza domestica del marito verso la moglie.

Si consideri prima però che esistono testimonianze di donne le quali rivelano come tali coniugi sovente sembrano avere una doppia identità, da tenerissimi a pericolosamente violenti.

L'inganno per l'uomo che vuole serbare per sé la compagna signoreggiandola con violenza, consiste in questo: in seguito alla caduta, non godendo più della sicurezza data dalla presenza dell'amore incondizionato di Dio in seno alla coppia, in cui il Signore non è più al centro poiché questa è priva della sua gloria

(Ro 3:23 *tutti hanno peccato e sono privi della gloria di Dio*), tale uomo cerca di colmare una simile intima incertezza col dominio (Ge 3:16). Evidenziamo che quest'ultima è relativa al legame d'appartenenza con la donna che lo affianca, vincolo all'origine nei piani di Dio reciproco, connaturato, giusto, e non soggetto a scissioni (Ge 2:23 *L'uomo disse: "Questa finalmente è ossa delle mie ossa e carne della mia carne*; Mt 19:6 *quello quindi che Dio ha unito insieme l'uomo non lo separi*).

Il dominio, come già esaminato, non è altro che il modello comportamentale di Satana di cui l'uomo privo della gloria di Dio è figlio (Gv 8:44 *Voi siete figli del diavolo, che è vostro padre, e volete fare i desideri del padre vostro*), e perciò come tale più insicuro si sente riguardo alla propensione della compagna per lui, più può essere tentato a accanirsi a dominarla pur di averla per sé, cercando di compensare l'incrementata insicurezza con maggiore violenza, fino in alcuni casi ad uccidere. Tale uomo cade in questo modo sempre più nel tranello del dominio, per sua natura egocentrico perciò menzognero, di poter trattenere per sé in una simile maniera la compagna, mentre è evidente che così facendo ottiene il risultato opposto, palese nell'atto estremo, quando se la toglie per sempre col femminicidio. Eliminandola dalla faccia della terra, infatti, si preclude ogni possibilità di riaverla, e allora il dominio si rivela nel fenomeno naturale della mortalità per quello che realmente è: inganno, toglie la vita, non la dà, distrugge relazioni, non le crea, ti aliena una donna, non te la fa avere a livello di vera appartenenza reciproca nella verità.

Non è mai l'abuso, la violenza, neanche psicologica, ciò che ti consente di avere una persona con e per te, poiché un'autentica appartenenza reciproca in ogni tipo di relazione umana può avvenire solo per la comunione nello Spirito di verità (Mt 18:20 *dovunque due o tre sono radunati nel mio nome, io sono in mezzo a loro*; Gv 14:6 *io sono la...verità*).

Quanto ho sopra detto è comprovato dal fatto che molto spesso uomini che compiono femminicidi affermano di aver tolto la vita alla compagna perché non erano in grado di separarsi dalla persona che aveva deciso di troncare il loro rapporto di coppia; vale a dire con una tale violenza credevano di poterla trattenere per sé, palese esempio dell'inganno del dominio.

Mi ha colpito la storia, che è stata alla ribalta della cronaca, di una ballerina indiana professionista affermata, che volendo divorziare è stata sfigurata dal marito con l'acido, questi in tal modo ne compromise anche l'abilità artistica nell'ambito in cui si era specializzata. Dopo anni di travaglio la danzatrice si suicidò, ma il coniuge, che nel frattempo si era risposato, affermava che da sempre lei era la donna che più aveva amato in vita sua, tale asserzione rivela che esercitando il dominio con quell'atto di violenza lui credeva di amarla, la voleva per sé.

Ovviamente alla base di simili gesti ci sono anche problematiche interiori personali, diversificate, sicuramente complesse, ma l'inganno del dominio (Ge 3:16) credo ne sia a livello spirituale il denominatore comune.

Per il genere femminile la dinamica dell'inganno relativamente alla violenza domestica subita si fonda su un altro aspetto dei contenuti fino ad ora trattati.

È tale il bisogno che ha la donna di vedere fluire l'amore santo di Dio attraverso il coniuge verso di lei in funzione di come Dio ha concepito la creazione in relazione al fiume di amore che fluisce attraverso l'autorità nella verità, che se la donna non riceve tale amore tramite il consorte può tendere a rivisitare il "concetto" di verità (Ge 3:16 *i tuoi desideri si volgeranno verso tuo marito*), la quale è esclusivamente Gesù Cristo (Gv 14:6), in funzione della natura carnale del marito, al fine di rendere quest'ultima in un qualche modo ai propri occhi ammissibile e compatibile col suo bisogno intrinseco di vedersi amata dal marito con l'amore incondizionato di Dio (Ef 5:25).

In taluni casi, se il dominio esercitato dal consorte (Ge 3:16) giunge a esprimersi con atti di palese maltrattamento, tale anelito della donna può arrivare al punto da protendersi a percepire la violenza subita da parte del coniuge come possibile, quindi ammissibile, fino in casi estremi a legittima. È una trappola, Dio vuole la donna libera e amata nella verità.

Quindi possiamo dire che in simili casi la violenza del marito nei confronti della moglie viene da quest'ultima in una qualche parte del suo intimo tutto sommato avvallata, e così in sordina legittimata; siccome tali cose purtroppo avvengono anche, come alcune sorelle testimoniano, in contesti cristiani, se si tratta di una credente, ciò può avvenire sotto un'ipocrita auto-illusione di perdono cristiano.

Sicuramente anche per quel che concerne il genere femminile ogni vicenda è unica, complessa e personale, ma quanto sopra detto può in una qualche misura concorrere a spiegare la reticenza di tante donne a uscire alla scoperto e cercare aiuto, anziché subire passivamente a oltranza la violenza del coniuge, anche se ovviamente vi possono essere tanti altri fattori a promuovere una simile scelta.

È increscioso considerare tutto ciò, e francamente ho esitato ad inserire questo paragrafo nello studio, ma mi sono resa conto e comprendo che da ogni abisso emotivo su questa terra in Cristo è possibile risalire e trovare liberazione, poiché Gesù ha detto: *Lo Spirito del Signore è sopra di me...mi ha mandato per guarire quelli che hanno il cuore rotto, per proclamare la liberazione ai prigionieri ......per rimettere in libertà gli oppressi* (Lu 4:18), perciò obbedendo al Signore e sapendo che la verità rende liberi (Gv 8:32 *conoscerete la verità e la verità vi farà liberi*) con gioia, credendo alla potenza del suo nome, lo includo.

CONCLUSIONE

A conclusione delle nostre considerazioni su come Dio ha concepito l'uomo nell'ordine della creazione, faremo alcune ulteriori specificazioni su contenuti già esposti al fine di completarne la visione d'insieme. Ci siamo soffermati a lungo a osservare attentamente i ruoli in seno alla coppia, ma è bene ricordare che per l'uomo e la donna fino a che vissero senza peccato non fu necessario chiarirli perché questi erano parte integrante della loro natura.

La donna viveva il suo ruolo essendo esattamente adatta all'uomo quale suo aiuto, termine utilizzato nella scrittura per definire l'Iddio Onnipotente, che quindi la configura a immagine dell'Eterno (Sl 33:20; 70:5; 115:9), e che mai la sminuisce, (Ge 2:18 *Poi Dio il Signore disse: "Non è bene che l'uomo sia solo, io gli farò un aiuto che sia adatto a lui*). L'uomo in modo analogo personificava la sua funzione di capo (1 Co 11:3) nei confronti della consorte in una maniera perfettamente appropriata, vale a dire animato a immagine della Trinità da una non egocentrica attitudine al servizio e quindi atto a ricevere dalla consorte il paritario contributo di vita (aiuto) che questa per natura è chiamata a dargli affiancandolo con la sua intelligenza femminile nel governo del mondo, assegnato dall'Eterno a entrambi (Ge 1:28).

È interessante notare che Dio ideò la donna (Ge 2:18) prima che Adamo desse nomi a tutti gli animali che l'Eterno gli portò per farlo dominare in modo sano sulla creazione (Ge 2:20; Ge 1:28; Eb 2:7), ma che la formò concretamente (Ge 2:22) solo dopo che l'uomo ebbe svolto tale compito, consentendogli così di accorgersi della sua solitudine e del bisogno che aveva di lei (Ge 2:18, 20). Infatti Adamo non appena vide Eva riconobbe subito che era adatta a lui (Ge 2:23 *questa è ossa delle mie ossa e carne della mia carne*), cioè formata come lui da Dio secondo quanto scritto in Ge 2:7, e quindi diversa nell'essere da tutto il resto del creato. Adamo appena vide la donna seppe che suppliva naturalmente a quello che come uomo gli mancava, infatti, come sappiamo, egli si sentiva solo prima che lei fosse creata, mentre dopo non fu più così, non percepì più un tale vuoto. Tutto ciò implicava che l'uomo parimenti suppliva in modo altrettanto naturale a tutto quello che mancava alla donna. Il culmine di tale connaturata, libera poiché vissuta nella verità, e perfetta corrispondenza nelle identità, si raggiungeva quando i due diventavano una sola carne (Ge 2:24).

Siccome Dio ha concepito i ruoli quali caratteristiche e doti innate dell'essere umano, qualità proprie della sua natura esente da caduta, possiamo dedurre che il dominio nella vita della donna da parte dell'uomo e la manipolazione in quella dell'uomo da parte della donna, sono in Cristo per i credenti solo delle interferenze o fattori di disturbo legati alla carnalità determinata dal peccato originale, ma non la verità. Quest'ultima invece è *lo Spirito della verità*, come in Gv 14:17 viene definito lo Spirito Santo, in cui per grazia (Gv 1:17 *la grazia e la verità sono venute per mezzo di Gesù Cristo*) i credenti sono stati rigenerati spiritualmente in Dio, come descritto in Gv 3:6. In seno alla coppia entrambi i coniugi sono chiamati a vivere con la consapevolezza nel cuore di questa vittoria, che è la sola verità. È il Signore che santificandoli fa maturare in loro tale consapevolezza, instillandola nell'intimo con il credo nella vita come lui la è e intende (Gv 14:6).

Poiché è scritto: *Non abbiate alcun debito con nessuno se non di amarvi gli uni gli altri* (Ro 13:8), la donna non è in debito verso l'uomo di farsi dominare e l'uomo non lo è verso di lei di farsi manipolare. È per questo che Dio ci chiede di amare il prossimo come noi stessi (Ro 13:9), vale a dire di rapportarci agli altri astenendoci dal tarlo del dominio che porta a rivalità, gelosie e competizioni, ed è così che possiamo camminare in Cristo col suo coraggio e forza (2Ti 1:7 *Dio non ci ha dato uno spirito di timidezza, ma di forza , di amore e di autocontrollo*), e che il sogno si avvera, o meglio già si è avverato, di essere veramente liberi (Gv 8:32).

All'inizio di questo studio su come Dio ha concepito la coppia, abbiamo detto che non siamo alla ricerca di un insieme di regolette comportamentali, ma che perseguiamo la rivelazione della verità da parte di Dio (Gv 16:13 *lo Spirito della verità...vi guiderà in tutta la verità*), affinché lui stesso produca il volere e l'operare (Fl 2:13) in noi, attuati nella nostra obbediente e partecipata resa a lui (Ga 2:20). Non dimentichiamo però che tutto ciò implica per noi la messa in pratica della parola, come leggiamo in Gm 1:25: "*Ma chi guarda attentamente nella legge perfetta, cioè nella legge della libertà* (che è la Parola vivente, Gesù) *e in essa persevera, non sarà un ascoltatore smemorato ma uno che la mette in pratica; egli sarà felice nel suo operare*". Infatti la Parola ci chiama a vigilare (1 P 5:6 *Siate sobri, vegliate; il vostro avversario , il diavolo va attorno come un leone ruggente cercando chi possa divorare*), e perciò a rivestire *la completa armatura di Dio* in modo da poter *star saldi contro le insidie del diavolo* (Ef 6:10-18). Ciò comporta che siamo chiamati a accorgerci in quale spirito ci muoviamo, e riguardo alla coppia se nelle relazioni in seno alla famiglia stiamo perseguendo una posizione egocentrica o arrendendoci a Cristo, se vogliamo che l'altro sia "perfetto" come stabiliamo noi o se cerchiamo di scoprire come Dio lo ha concepito. In quest'ultimo caso non remando contro l'opera di Dio nel parente, ma al contrario interagendo col Signore come unità familiare, sia nel segreto del proprio cuore che collettivamente, per promuoverla. Ovviamente la chiave è la preghiera, affrontare ogni cosa coltivando in primo luogo la relazione con Dio e poi in seno alla famiglia con l'altro, non fingendo l'inesistenza dei problemi qualora vi siano, ma ricercando l'autorità della verità in essi, e perseguendo l'attuazione di una sincera e profonda preghiera comunitaria familiare. Ciò poiché la verità è il solo vero collante di un matrimonio e di una famiglia, infatti è lo Spirito di verità in noi, cioè l'uomo vestito della gloria di Dio che sola consente il ripristino delle relazioni a immagine della Trinità.

A tale proposito facciamo ora la seguente considerazione. Dio è la verità e perciò si può dire che ha sempre ragione, eppure non ho mai visto Gesù, l'unico uomo giusto mai vissuto sulla terra, affermare nel corso del suo ministero terreno: "Ho ragione io!". Cerchiamo di comprenderne il motivo considerando quanto segue.

Può avvenire che si voglia aver ragione mentre spiritualmente ci si trova nella posizione descritta con le seguenti parole da Gesù in Mt 7:3-5: *Perché guardi la pagliuzza che è nell'occhio di tuo fratello e non ti accorgi della trave che è nel tuo occhio? Ovvero, come puoi dire a tuo fratello; "lascia che ti tolga dall'occhio la pagliuzza", ed ecco c'è una trave nel tuo occhio? Ipocrita togli prima dal tuo occhio la trave e poi ci vedrai bene per togliere la pagliuzza dall'occhio di tuo fratello.* Da quanto qui riportato si capisce che voler avere ragione su tali basi equivale a affermare il proprio io carnale, come a dire: "Guarda la mia giustizia a confronto della tua!", mentre non esiste una nostra giustizia, infatti in Is 64:6 è scritto: *...tutta la nostra giustizia è come un abito sporco;* e in Ro 10:3 *...ignorando la giustizia di Dio e cercando di stabilire la propria giustizia, non si sono sottomessi alla giustizia di Dio.* Quindi la nostra giustizia non esiste, ma esiste solo quella di Cristo, l'unico giusto (1 P 3:18; Is 53:11), ciò è confermato dal fatto che con la rinascita, rigenerati in lui, diventiamo *giustizia di Dio in Cristo* (2 Co 5:21). Vale a dire alla base della brama di voler aver ragione ci può essere una volontà egocentrica, mentre Dio, il solo giusto, non rivendica mai una simile posizione in quei termini, essendo lui stesso verità e perseguendo solo l'affermazione di questa, che non si ottiene mai con l'egocentrismo ma con la rivelazione e la manifestazione del suo essere Dio. Anche noi uomini creati a sua immagine siamo chiamati a non cercare di avere ragione rivaleggiando con uno spirito di contesa (Gm 3:14 *..se avete nel vostro cuore...spirito di contesa...non mentite contro la verità;* 2 Ti 2:23-24), perché questo è un tentativo egocentrico di affermare se stessi, ma siamo chiamati solo a essere chi siamo in Cristo, il che è possibile per la rigenerazione ricevuta per grazia e quindi è su tali basi e modi che possiamo confrontarci con il prossimo nella verità. Per cui perseguire l'affermazione della propria ragione e del torto dell'altro in seno alla coppia, può facilmente implicare, come già detto in precedenza, un non togliere la trave dal proprio occhio (il che è necessario per stare nello Spirito di Verità) e il non essere di conseguenza in grado di aiutare il coniuge a rimuovere la pagliuzza dal suo, con l'esito di non accettare così l'umiliazione della santificazione, che si conosce solo nel cammino di vera umiltà. Ovviamente quanto abbiamo appena detto è applicabile non solo in seno alla coppia, ma in ogni tipo di rapporto umano.

Sempre a proposito di questo tema facciamo ora un'altra considerazione. Il Signore pur non essendo egocentrico sperimentò personalmente, in modo unico e tuttavia simile a quello che è poi divenuto del suo popolo, la chiesa, cosa significa morire a se stessi. Spiegò di persona tale esperienza quando annunciò la sua imminente crocifissione, dicendo che il seme per portare frutto deve morire, com'è scritto in Gv 12:23-26: "*L'ora è venuta, che il Figlio dell'uomo dev'essere glorificato. In verità, in verità vi dico che se il granello di frumento caduto in terra non muore, rimane solo; ma se muore, produce molto frutto. Chi ama la sua vita la perde, e chi odia la sua vita in questo mondo la conserverà in vita eterna.....Ora l'animo mio è turbato; e che dirò? Padre salvami da quest'ora? Ma è per questo che sono venuto incontro a quest'ora*".

Gesù non aveva come noi una connaturata propensione interiore al peccato, la carnalità, poiché era santo (Lu 1:35), tuttavia lui ha conosciuto pienamente cosa significa morire alla sua natura adamitica, (acquisita incarnandosi quale *ultimo Adamo* 1 Co 15:45), perché possedeva un corpo che poteva morire, definito nella Parola: *carne simile a carne di peccato* (Ro 8:3). Aveva tale corpo pur essendo Lui stesso per natura immortale, in quanto senza peccato, tanto è vero che la morte e l'Ades non l'hanno potuto trattenere, come viene confermato dai seguenti versetti: *tu non lascerai l'anima mia nell'Ades e non permetterai che il tuo Santo subisca la corruzione* (At 2:27); e anche: *Ero morto ma ecco sono vivo per i secoli dei secoli, e tengo le chiavi della morte e dell'Ades* (Ap 1:18). Gesù avrebbe voluto non sottoporsi al calvario, infatti, nel Getsemani disse: *Padre...non come voglio io ma come vuoi tu* (Mt 26:39). Come ogni essere umano avrebbe preferito non soffrire, ancor più pene spirituali, psichiche e fisiche indicibili quali furono quelle che lui sopportò, superiori per intensità all'afflizione che nessun essere umano ha mai vissuto, poiché inglobavano il salario in sofferenza e morte di tutto il male mai commesso dall'umanità (Ro 3: 23), in quanto ne costituivano l'espiazione (1 Gv 2:2). Tuttavia scelse di deporre la sua vita, come scritto in Gv 10:18: *nessuno me la toglie, ma io la depongo da me*, ed è agendo in questo modo che Gesù è morto a se stesso, vale a dire lo ha fatto rinunciando a trattenere per sé la sua vita. È per questo che analogamente il Salvatore dice al credente di non attaccarsi alla propria esistenza terrena: *Se uno viene a me e non odia...la sua propria vita non può essere mio discepolo* (Lu 14:26; Gv 12:24). Questo è richiesto anche alla coppia che sceglie di sposarsi, vale a dire di essere disposti l'uno verso l'altro a morire alla propria carnalità per avere comunione l'uno con l'altro nella verità, cioè per conoscersi meglio, infatti come abbiamo già visto in precedenza, la comunione nello Spirito della verità è l'unico modo per conoscersi.

Ora facciamo ancora un'altra considerazione. L'umanità in quanto Dio l'ha formata facendola derivare nella sua totalità da un primo nucleo familiare, è un insieme. Notiamo che Dio ama tutte le famiglie della terra perché le ha ideate lui e le ha fatte a immagine di se stesso, la Trinità, tanto è vero che le benedisse in Abramo, e così facendo attraverso la discendenza di questi implicitamente promise il Messia al mondo, ciò poiché gli stava infinitamente a cuore la salvezza di tutte le famiglie delle nazioni, come scritto in Ge 12:3; Ef 3:15.

Il fatto che l'umanità è un'unità poiché derivata da un unico nucleo familiare ci fa comprendere come mai in Ro 5:12-21 è scritto: *...per mezzo di un sol uomo il peccato è entrato nel mondo e per mezzo del peccato la morte e così la morte è passata su tutti gli uomini, perché tutti hanno peccato...se per la trasgressione di uno solo, molti sono morti, a* *maggior ragione la grazia di Dio e il dono della grazia proveniente da un solo uomo, Gesù Cristo, sono stati riversati abbondantemente su molti...se per la trasgressione di uno solo la morte ha regnato a causa di quell'uno, tanto più quelli che ricevono l'abbondanza della grazia e del dono della giustizia, **regneranno nella vita per mezzo di quell'uno che è Gesù Cristo**...affinché, come il peccato regnò mediante la morte, così pure **la grazia regni mediante la giustizia a vita eterna**, per mezzo di Gesù Cristo, nostro Signore.* Questo testo ci rivela come in Cristo tutto è recuperabile nella creazione di Dio secondo il suo piano originario, il quale in Cristo è stato anche ulteriormente potenziato rispetto alla sua forma adamitica, precedente al peccato originale, poiché la nostra vita ora è nascosta con Cristo in Dio (Cl 3:3) e Cristo non può più morire, come è scritto in Ro 6:9 *...sapendo che Cristo, resuscitato dai morti, non muore più; la morte non ha più potere su di lui.* Adamo, infatti, quando fu creato era stato fatto da Dio in modo molto buono (Ge 1:31) pur essendo imperfetto nella sua natura poiché poteva cadere, ora tale imperfezione è inglobata e risolta nello spirito vivificante dell'ultimo Adamo, Cristo (1 Co 15:45), in cui la nostra vita è nascosta (Cl 3:3). Quindi anche il fluire del fiume d'amore che procede dal trono di Dio e inonda la coppia secondo i ruoli come concepiti da Dio, può, con la rinascita e la santificazione, riprendere il suo corso, ora però con la forza incorruttibile e immortale dello spirito vivificante di Cristo (1 Co 15: 45). Per cui la nostra posizione nell'ordine della creazione, non solo rispetto agli angeli caduti, ma anche nel cammino di vita è ora diversa da quella originaria, che avevamo in Adamo prima della caduta, poiché nella grazia di Dio per il sangue di Gesù è incorruttibile.

Una famiglia che vive nel Signore a immagine della Trinità, come già detto in precedenza, è una testimonianza potentissima sulla faccia della terra, poiché riflette e dichiara nel suo modo di essere la realtà dell'amore Trinitario di Dio di cui è l'immagine e in tal modo mette la lampada della luce del Signore sul candeliere e non la nasconde (Mr 5:5). Una tale famiglia è una forte testimonianza, poiché ha il profumo di Cristo, di vite che hanno rinunciato a se stesse, come viene spiegato in Lu 14:26: *se uno...non odia...perfino la sua propria vita non può essere mio discepolo*. Infatti, questi sono percorsi di vita di persone che scelgono, rinnovando tale impegno ogni giorno, di **lasciare il proprio egocentrismo sulla croce**, e quindi di vivere come descritto in Lu 9:23 *Se uno vuol venire dietro a me rinunzi a se stesso, prenda ogni giorno la sua croce e mi segua*; e in Mt 10:39 *Chi avrà trovato la sua vita la perderà, e chi avrà perduto la sua vita per causa mia la troverà*.

Nessuno può dire cosa è la vita, solo Dio che la è può farlo (Gv 14:6 *"Io sono...la vita"*; Es 3:14 *"Io sono colui che sono"*), per cui possiamo fidarci di ciò che lui dice a tale riguardo; tutti possono affermare quel che pensano a questo proposito, ma lui solo può dire quello che essa è veramente, ciò anche poiché la vita non solo è lui, ma è in lui, come scritto in Gv 1:4 *la Parola era Dio...In lei era la vita e la vita era la luce degli uomini*. Ora la vita è in lui in quanto lui solo ha vita in se stesso, come abbiamo già avuto modo di osservare e come leggiamo in Gv 5:26 *...come il Padre ha vita in se stesso così ha dato al Figlio di avere vita in se stesso*. Vale a dire Dio è il Creatore e perciò in quanto tale ha vita in se stesso, quindi Lui, come testimonia il suo creato (Ro 1:20), dà la vita, la pone in essere, mentre noi, essendo creature, non abbiamo tale caratteristica e qualità dell'essere. Questo è il motivo, ribadiamo, per cui senza di lui non possiamo fare nulla (Gv 15:5) e anche non abbiamo la vera vita (1 Ti 6:19), cioè la vita abbondante (Gv 10:10), vale a dire la vita nello Spirito di verità (Gv 14:17); tutti modi questi per indicare la vita eterna, infatti, è sempre per lo stesso motivo che solo chi crede in lui ha la vita eterna (Gv 6:47..*chi crede in me (Gesù) ha vita eterna*). In tale prospettiva comprendiamo che il Signore rivela e spiega come ha concepito la vita in seno alla coppia perché solo lui può farlo essendone l'autore, e quindi anche può restaurarla nel suo pieno e originario significato. Grazie al sangue di Gesù che ci ha liberati dal dominio di Satana (Cl 1:13 *Dio ci ha liberati dal* *potere delle tenebre*) e così dal tarlo del dominio che ha segnato i rapporti umani dalla caduta in poi, Dio, versando il suo amore nel nostro cuore (Ro 5:5 *l'amore di Dio è stato sparso nei nostri cuori per mezzo dello Spirito Santo che ci è stato dato*), ha potuto operare per ricomporre la sua opera d'arte, l'uomo, o meglio l'unità trinitaria creata a sua immagine, la famiglia o coppia (Fl 2:13 *È Dio che produce in noi il volere e l'operare*). In tal modo la danza trinitaria di vita in seno al matrimonio, che è rimasta sempre presente nella sua componente naturale ove lui dà il seme a lei e lei dà il frutto a lui (Ge 21:2), riacquista a livello spirituale la dimensione dell'amore eterno (Gr 31:3), cioè non egocentrico ma incondizionato, sacro di Dio.

Il Signore mentre elargisce tale amore manifesta la sua capacità di ripristinare le relazioni familiari a immagine di quelle in seno alla Trinità, vale a dire della danza d'amore assoluto scevro di egocentrismo tra le tre Persone, che includono nel loro costante reciproco abbraccio il corpo di Cristo per la comunione dei credenti con la Trinità (1 Gv 1:3 *la nostra comunione è con il Padre e con il Figlio*; 1 Co 13:13 *la comunione dello Spirito Santo*). Ecco che così questo progetto di Dio, l'umanità, ritrova la bellezza propria del suo poema originario, torna a essere la sua opera d'arte ora restaurata per chi accoglie il suo dono di grazia, di vita rigenerata in Cristo, nel proprio cuore. Ciò avviene chiedendo a Gesù perdono per i propri peccati in virtù dell'opera che lui ha compiuta sulla croce espiandoli, consentendo così a chi lo accetta come Signore di ricevere oggi nel proprio essere la vita della resurrezione di Gesù Cristo, la vita eterna (Gv 3:16 *..chiunque crede in lui non perisca ma abbia vita eterna*).

LA BENEDIZIONE DEI COROLLARI

Nell'ambito della matematica i corollari sono applicazioni di un principio generale, vale a dire altri aspetti di una medesima verità fondamentale.

Noi abbiamo studiato un principio generale in base al quale sappiamo che l'essere umano è stato concepito e creato all'origine da Dio non egocentrico, poiché formato a immagine della Trinità e abbiamo visto che questo fatto ha delle implicazioni enormi.

I contenuti in merito allo studio che stiamo terminando il Signore me li ha dati come tanti flash posti in relazione l'uno con l'altro, perciò assemblabili in un insieme il più possibile organico, ma resta il fatto che sono stati dei flash e che a questi se ne possono aggiungere tanti altri.

Se a tale proposito rielaborando gli argomenti trattati vi vengono rivelati dal Signore ulteriori aspetti di tale verità, altri corollari appunto, mentre leggete la Parola o in un qualunque momento della giornata, è bene annotarli, faccio alcuni esempi per suggerirne la possibile varietà:

1) Siccome siamo fatti a immagine della Trinità la coesione con l'altro è implicita nella nostra natura come lo è tra le tre Persone della Trinità, ma quello che è un bisogno connaturato del prossimo nell'egocentrica umanità caduta diventa un qualcosa di innaturale poiché assume un valore prioritario rispetto a Dio, quasi le relazioni umane potessero di per se stesse dare risposte eterne. Questo è anche il fondamento del rancore, che guarda in primo luogo all'essere umano aspettandosi da lui, anziché da Dio, la risposta della vita nella sua valenza eterna.

2) Ga 2:20 ...*non sono più io che vivo, ma è Cristo che vive in me; e la vita che vivo ora nella carne, la vivo nella fede nel Figlio di Dio il quale mi ha amato e ha dato se stesso per me*. Questo versetto è la definizione di una vita non egocentrica. *Non sono più io che vivo* perché ho lasciato la mia vita in Cristo sulla croce e la odio nel senso dato da Dio a queste parole (Lu 14 :26), vale a dire per me non è più importante del Signore perché per la rinascita Lui mi ha reso partecipe della sua natura non egocentrica e posso così avere una condotta di vita che guarda a Cristo (..*la vivo nella fede nel Figlio di Dio*...).

3) Dio non ha mai voluto la morte dell'umanità anzi le ha **vietato di morire**, infatti quando le ha proibito in Adamo di mangiare dall'albero della conoscenza del bene e del male, le ha vietato implicitamente anche le conseguenze di tale scelta, tanto è vero che in Cristo l'ha voluta poi salvare dalla morte.

4) Nel femminismo può accadere che la donna non rispetta o comprenda il genere che lei è, e così non si riposi nel proprio coniuge, e non abbia la consapevolezza di questo suo diritto, insito nella sua propensione naturale verso di lui.

Senza ansia di prestazione, che in Cristo è inesistente, se il Signore dona dei flash ai suoi figli è bene coglierli e trascriverli o puntualizzarli in un qualunque altro modo, perché questi possano aiutare a capire sempre più quello che oggi abbiamo in Dio a vita veramente libera, aprendo così il nostro orizzonte interiore a dei piccoli o grandi mondi, vale a dire a una conoscenza più profonda dell'immensità della vittoria attuata in Cristo a favore del genere umano (Ef 4:16-19). In tal modo questo studio può diventare per voi a guisa d'esercizio un vostro strumento, considerato che la verità non è monopolio di nessuno, se non di Dio, che però ce la vuole rivelare.

BIBLIOGRAFIA

Pentateuco Traduzione Interlineare Italiana a cura di R. Reggi EDB
La Sacra Bibbia con note e commenti di John MacArthur
Bible Study Fellowship Acts Notes Lesson 11
Investigare le scritture John F. Walwoord e Roy B. Zuck
Il timore del Signore John Bevere

CONTATTI

coppiacapolavorodidio@gmail.com